JN431853

아시아 여성의
정치 참여

아시아 여성의 정치 참여

지은이_신영태

펴낸곳_숙명여자대학교 출판국

펴낸날_1판 1쇄 2006.9.22

주소_서울특별시 용산구 효창원길 52 (140-742)

등록일_1968.3.20

전화_02)710-9161~3

팩스_02)710-9090

값 13,000원

ISBN 89-7182-203-1-03340

ISBN 978-89-7182-203-6-03340

WOMEN AND POLITICS IN JAPAN AND KOREA(2004)

본 저작물의 한국어판 저작권은 저자와의 독점 계약으로 숙명여자대학교 출판국이 소유합니다.

저작권법에 의하여 보호를 받는 저작물이므로 무단 전재와 무단 복사를 금합니다.

신영태 지음

아시아 여성의 정치 참여

한국과 일본을 중심으로

숙명여자대학교 아시아여성연구소

| 서문 |

1970년대 국회의원 중 여성의 비율은 일본의 경우 2%도 되지 않았고 한국은 1%에도 못 미쳤다. 오늘날에는 양국 국회의 약 7%를 여성이 차지하고 있지만 이는 선진국에 비하면 비교적 낮은 수준이다. 그에 비해 스웨덴 의원의 약 43%가 여성이고, 독일 하원은 30% 이상이 여성으로 구성되어 있다. 미국 의회는 약 13% 수준이다.

이런 현상을 설명하는 것은 간단하지 않다. 저자는 국가가 "후기" 산업화시기 이후 오랜 기간의 군사통치와 민족주의의 과잉, 그리고 최근까지 급속한 성장과 국가통합이라는 국가의 목표에 여성이 종속되어 있었다고 고찰한다. 그리고 오늘날의 상황은 적어도 한국 정치에서는 여성의 역할이 급속하게 성장하고 있다고 설명한다. 저자의 설명은 한국과 일본에서의 다수의 인터뷰, 여론조사의 능숙한 사용, 두 나라의 역사와 정치에 관한 문헌들을 폭넓게 비교·연구 한 것에 기초한다. 정치에서 여성의 역할을 이해하기 위해 다수의 이론적·개념적 접근을 고찰한 후, 신영태는 한국과 일본의 가부장적 문화를 역사적으로 분석하고 여성의 참여를 방해하는 양국의 정치 시스템이 가진 공식적이고 비공식적인 메커니즘의 방법을 면밀히 검토한다. 게다가 이 책의 많은 부분에서 그녀는 유럽과 미국에서의 여성참여와 관련지어 비교평가를 한다.

20세기 초 한국과 일본의 역사는 몇몇 전선의 다양한 전투에서 싸운 여성들에 의해 특징지어진다. 예를 들면 가족의 요구 이외의 것에서 인정을 받는 것, 가족에 기반을 둔 가부장제를 지지하는 억압적인 사회 전반의 차별과 싸우는 것, 여성에게 좀 더 개방적인 사회주의자들의 집단에서 배척당하는 것, 남성으로부터 독립된 삶(여성들은 문란하고 심지어 국가 통합에 위협적이라고 분류되었다)을 사는 것 등을 들 수 있다. 1924년 일본 여성참정권연맹Japan's Women's Suffrage League을 창립한 이치카와 후사에Ichikawa Fusae는 수십 년간 사회로부터 많은 비웃음을 받았고, 일본 전쟁을 지원하는 데 전념하도록 강요받았다. 한국의 경우, 식민 시기였던 1919년 대규모의 3·1운동 이후 수천 개의 시민모임부터 NGO가 공존하는 강한 시민사회를 이룬 현재까지, 여성들이 종종 저항운동의 지도자였다. 일본과는 선명한 대조를 이루는 이 특징은 이 책에서 가장 흥미로운 견해 중 하나이다.

전쟁 후 일본 정치시스템이 어떻게 여성을 배제했는가(반드시 그렇게 하려고 의도하지 않았다고 해도)에 대한 저자의 논의 또한 명확하다. 1955년 이래(1993년 예외) 집권하고 있는 자민당은, 지역구에서 후원과 편애로 강하게 결합된 일인정치조직이나 파벌들로 구성되었다. 일본 전체에 만연되어 있는 술집에서의 남성 유대 의식에 의해 강화된 남성들만의 비공식적인 후견인-피후견인 네트워크는 여성들의 정계 진출의 강력한 장벽을 말해준다. 더욱이 저자의 설명을 보면 여성 정치인들이 비록 소수이기는 해도 어떻게 일본 가부장제의 덤불로부터 나올 수 있었는지 의아할 정도다. 일본에서는 진보적인 목표를 추구하는 시민 조직과 풀뿌리 조직들조차 남성들에 의해 운영되는 경향이 있다. 이와 달리 한국에서는 이런 조직들이 정치에 참여하는 여성들에게 좀 더 많은 기회를 제공한다. 아마도 이러한 차이는 적어도 지난 30년간 한국의 반독재저항운동의 긴 역사 때문일 것이다. 저자는 풀뿌리 정치 조직에 속한 많은 한국여성을 인터뷰하고 관찰했다. 전 세계에서 두 번째로 큰 경제 규모에서 참여의 길을 여전히 찾지 못하는 일본여성들과 비교했을 때 한국여성의 미래는 비교적 밝아 보인다.

한국과 일본의 여성정치인들의 어려움에 대한 저자의 논의는 자신의 힘들었던 과거를 보여준다. 워싱턴 대학에서 수년 전 처음 만났을 때 그녀는 간호사였고, 두 딸의 어머니였으며, 대학원생의 부인이었다. 그녀는 자신의 가족부양을 위해 지적인 추구를 연기했으며, 후에 어느 누구로부터 지원이나 도움이 거의 없이 정치학 박사과정을 시작했다. 운 좋게 지도교수인 제임스 타운센드James Townsend를 비롯해 그녀를 격려해주는 워싱턴 대학의 교수진과 공부할 수 있었다. 타운센드 교수는 중국분야에서 선도자였고 정치참여분야에서 훌륭한 연구를 한 비교학자였다. 그는 늘 엄격했으나 관대하고 솔직한 사람이었으며, 또한 학생을 돌보는 데 헌신적이라고 알려져 있었다.

타운센드는 이 책이 출판된다는 사실을 알고 기뻐했지만, 이 책이 출판되는 것을 보지 못하고, 암과의 긴 전쟁 끝에 2004년 초에 돌아가셨다. 이 훌륭한 책은, 그의 연구와 40년 넘게 교육과 비교정치분석에 헌신한 그에 대한 적합한 헌정이 될 것이다.

시카고 대학교 University of Chicago의
브루스 커밍스 Bruce Cumings

| 한국어판의 발간에 즈음하여 |

필자는 10여 년 전 이 책을 구상한 후 오늘 이 책이 출판될 때까지 많은 회의와 좌절을 느꼈다. 그러는 동안 한국과 일본은 많은 정당, 정치제도가 바뀌었고, 그때마다 새로운 자료를 입력하지 않을 수 없었다.

가장 큰 회의의 요인은 여성의 정치입문을 다루는 이 책이 과연 한국에서 어떻게 받아들여질까 하는 우려때문이다. 다른 학문분야보다도 정치학은 남성 지배적인 경향이 크기 때문에 약간 신경과민이 되었는지도 모른다.

진지한 학자라면 누구나 경험하듯이 나 또한 내 책에 대한 비판의 소리가 저절로 나왔다—학문적 기여를 얼마나 할 수 있는가, 이론에 충실하였나, 문화적 성격을 어떻게 구조적 이론에 비추었나 등등 많은 질문을 하면서, 주로 지역연구에서 흔히 나타나는 '이론 미흡 현상'이 이 책에는 나타나지 않게 각별히 신경을 썼다.

출판국에서 한국정서에 맞게 서문을 써 달라는 특별한 요청을 받았음에도, 나는 내 책의 강점을 소개하고 싶다. 혹 한국정서에 맞지 않으면 어떻게 하나 걱정하면서.

나는 이 책이 기존의 여성정치문제(영문판 혹은 한글판)를 다루는 책에서 쉽게 찾아볼 수 없는 국면을 다룬다고 생각한다.

첫째, 기존의 책들은 국제정세와 정치가 국내 여성에게 미치는 영향을 거의 다루지 않고 있다. 둘째, 페미니스트 Feminist 접근을 한 학문은 구조적 요소를 등한시했다. 셋째, 한국과 일본의 많은 문화적 유사점 Similarity에도 불구하고 여성정치 입문과정이 매우 다르다는 사실이 동양 여성을 다룬 책들에서 거의 다루어지지 않고 있다. 나는 이 책에서 기존 여성학문의 이러한 부족한 면들을 보충하려고 노력했다.

더욱이 서양에서 여성문제들은 문학, 철학분야가 주류이다. 따라서 마르크스주의, 탈근대주의 post modernism 혹은 정신분석학에 의한 분석이 많은 부분을 차지한다. 그러나 여성운동을 보면 제1의 물결 First wave나 제2의 물결 Second wave의 철학적 근거는 존 스튜어트 밀 John Stuart Mill의 자유주의 Liberalism 사상에 기반을 두고 있다.

즉 학문적으로는 인식론 epistemology이 지배하나 실제의 운동에서 나타나는 본체론 ontology을 같이 엮어갈 학문적 연장 Academic toll이 부족했고, 특히 문화적 요소가 구조적 모습과 맞부딪칠 때의 결과를 다루는 일은 기존 서양의 여성정치학에서는 아주 찾기 드물다.

필자는 또한 선진국과 한국, 일본의 사상, 정치체제 및 심리학적 차이를 강조했다. 소수 서양 정치학자들에 의해 쓰인 책들은 서양정치, 서양여성의 경험 중심으로만 다룬, 또 다른 약한 면이 있다. 서양, 특히 미국은 한국이나 일본이 뒤늦게 선진국(일본에서는 일등 국가라고 불렀다)을 따라가야 했던 것에 반해 그러한 심리적 부담 없이 일찍이 자유주의 Liberalism철학에 기반을 둔 정치, 선거 제도가 이루어졌다. 그러나 이러한 정치구조는 서양을 뒤따라가야 했던 일본이나 혹은 식민정치경험을 한 한국에는 잘 맞지 않았다.

특히 유교사상이라는 틀 내에서 모든 행동 규범이 정해지는 상황에서 한국, 일본 여성이 정치무대에 입문하는 과정은 서양의 자유주의 사상에 입각한 정치구조의 분석으로는 설명할 수 없는 여러 면이 있다. 결과적으로, 이러한 책들에서는 문화적 요소를 외면하는 경향이 두드러졌다.

저자는 학계에서 외면당한 동양여성의 정치입문과정을 좀 더 많은 사람들에게 알리고 싶다는 욕망에서 이번 한글판을 발행하기로 결심하였다. 이러한 여러 면을 고려할 때, 필자는 이 책의 학문적 기여가 결코 다른 책들에 밑지지 않으리라는 자신감을 갖게 되었다.

이 책의 또 하나의 특징은 기존의 책들과는 달리 정치 외계인 political alien이 정치세계에 입문하는 데 있어서 풀뿌리 운동 grassroots movement의 중요성을 다룬 것에 있다. 풀뿌리 운동의 조직과 구조 그리고 목적 vision의 차이점을 연구하는 과정에서 서양의 사회운동이론 social movement theory이나 갈등이론 conflict theory이 일본의 풀뿌리 운동에는 적합하지 않음을 저자는 발견했다.

또한 한국에서는 민주화운동의 뒷바라지를 하며 싸워온 소위 어머니' 들의 정치능력을 다루었다. 이들은 특히 '아줌마'라는 약간은 무시하는 대명사로 불렀던, 정치에 별로 관심이 없었던 중년여성들이었다. 옥바라지 과정에서 일어나는 그들의 정치의식, 정치능력 등은 참으로 놀라왔다. 이로 보건대, 정치능력은 타고난 기술로서 오직 소수(주로 남성으로 간주되었던 소수)에게만 국한된 것이 아니고, 경험으로 배우고 얻게 되는 후천성 능력임을 알 수 있다. 이 책을 쓰면서 많은 사람들의 도움과 격려를 받았다. 특히 전 숙명여자대학교 아시아여성연구소장 전경옥 교수의 끊임없는 지원, 그리고 연구소의 여러 연구원, 특히 권상미, 배영순, 김나나, 최애희, 한준혜 연구원의 치밀하고 섬세한 교정과 배려에 크게 감사한다.

마지막으로 이 책이 여러모로 미흡함에도 불구하고 출판을 맡아준 숙명여자대학교 출판국에 심심한 감사를 표하며 동시에 이 책이 한국독자들에게 조금이라도 도움이 되길 바란다. 물론 잘못된 부분이나 부족한 점은 필자가 전적으로 책임진다.

미국 오클라호마 주에서

신영태申令台

| 감사의 글 |

다방면으로 나를 도와주신 분들께 진심으로 감사드립니다. 특히 나의 제자였던 굼마 현 여자대학교의 요시에 코바야시 박사와 동료인 서울의 숙명여자대학교 전경옥 교수로부터 큰 도움을 받았습니다. 두 사람은 한국과 일본의 최근 정치 관련 자료를 제공해 주었습니다. 또한 저의 인터뷰에 응해주신 한국의 어머니들과 일본의회 의원들, 세이카츠 클럽 회원들에게 감사의 말을 전합니다.

이 책은 많은 우수한 학자들의 연구에 빚을 지고 있습니다. 시민운동에 대한 마가렛 맥킨과 마이클 라이히의 연구는 나에게 일본의 저항정치에 대한 많은 이해를 주었습니다. 정당의 후보모집 관행에 대한 윤정석의 연구는 복잡한 일본정치를 이해하는데 도움을 주었습니다. 로날드 헤비나르의 정치자금에 관한 연구는 일본에서 정치가 실제로 어떻게 작용하는지에 대해 구체적으로 이해할 수 있도록 해주었습니다.

우리 대학의 학장이자 항상 격려해주는 동료이며 이제 곧 위스콘신 대학의 총장으로 가게 되는 돈 베츠 Don Betz는 내가 연구에 전념할 수 있는 환경을 만들어 주었습니다. 시카고 대학에 있는 브루스 커밍스 Bruce Cumings는 내 연구의 기복에도 불구하고 수년간 항상 저를 지지해 주었습니다. 그의 끊임없는 지지와 격려에 충분히 감사를 표하지 못했습니다. 나의 스승인 제임스 타운센드 James Townsend는 병중에도 불구하고 언제나 내 연구에 귀기울여 주었습니다. 그는 이 책이 한국어로 출판되는 것을 알고 자랑스러워 하고 행복해 했지만, 불행히도 책이 출판되기 불과 몇 개월 전에 돌아가셨습니다. 또한 이 프로젝트가 진행되는 동안 함께 해준 많은 동료들에게 감사드립니다. 그들은 내가 좌절할 때마다 항상 나와 함께 해주었습니다. 나의 오랜 친구이자 동료인 서울의 서강대학교 김녕 박사의 한국 정치에 대한 비판적 시각은 나에게 매우 소중한 것이었습니다. 김녕 박사에게 감사합니다.

나의 모든 학문적 노력과 프로젝트에 흔들리지 않는 정신적인 지원과 격려를 해준 두 딸 박아름과 박다운에게 가장 진심어린 감사를 전합니다. 이 책이 그들의 희생과 지원만큼의 가치가 있기를 바랍니다. 내가 기르고 있는 고양이 도리도 자신의 기여를 인정하라고 합니다. 도리가 말하고 연구할 수만 있었다면 끊임없는 지지를 보냈을 겁니다. 그리고 한국에 있는 많은 형제들과 조카들의 성원에 고맙다고 말을 전하고 싶습니다.

아버지의 사무실에 걸려있는 액자의 "百忍"이라는 문구에는 단어 이상의 의미가 있습니다. "백번의 인내"란 포기하지 않고 타협하지 않는 것을 뜻합니다. 어린시절 부모님으로부터 배운 이 문구는 내 가슴에 새겨져 가장 힘든 시기에 나를 지탱하는 원칙이 되었습니다. 부모님은 정신적 지지자였고, 나의 두 딸 아름이와 다운이는 매일 실질적인 지원을 해주었습니다.

물론, 어떤 부족함이나 실수도 나 자신에게 책임이 있습니다.

| 차례 |

서문 _4

한국어판의 발간에 즈음하여 _8

감사의 글 _12

01 서론 _19

1. 젠더 불균형에 관한 이론적 배경 _24

02 페미니즘과 민족주의 _39

1. 일본 여성의 정치활동: 후발주자로서의 일본의 산업화 _44
2. 메이지 지식인들과 일본의 사회시스템 _45
3. 여성, 자유 민권운동, 그리고 자유당 _47
4. 과거로의 회기 _54
5. 페미니스트 운동의 한계 _58
6. 한국과 다른 아시아 사회의 비교 연구 _63
7. 결론 _75

03 여성이 어떻게 정치에 참여하는가 : 후보자의 모집과 선발 _79

1. 일본의 여성 _82

2. 정당에 의한 후보의 모집과 선발 _85

3. 의회 의원들의 경력 _93

4. 더 많은 여성이 출마하면 더 많은 여성이 당선되는가? _98

5. 선거시스템, 정치문화 그리고 여성후보들 _109

6. 한국정치 속의 여성 _117

7. 결론 _133

04 정치제도와 문화작용 _137

1. 일본의 봉건제도에서 근대까지 _140

2. 여성들의 정치활동 _145

3. 전후 정치시스템 개관 _150

4. 제2차 세계대전 이후의 정치시스템 _151

5. 새로운 가치를 가진 새로운 시스템으로의 이행 _152

6. 일본 여성과 선거시스템 _153
7. "1.5" 정당 시스템의 등장: 55년 체제 _164
8. 일본 정치의 특징 _169
9. 정치시스템 틀 안에서의 여성정치인과 정치시스템의 특징 _178
10. 결론 _182

05 여성, 정치적 이방인, 풀뿌리운동 _187
1. 일본의 사회운동 _190
2. 시민운동과 세이카츠클럽 _191
3. 산업화와 환경오염 _194
4. 환경이슈에 대한 시민운동 _196
5. 한국의 풀뿌리 운동 _220
6. 결론 _229

06 결론 _235

01 서론

제2차 세계대전의 종식은 한국과 일본의 여성들에게는 거대한 폭력이 끝난다는 것 이상을 의미했다. 전후의 세계는 여성에게 새로운 정치의 시작을 알렸다. 전쟁의 잿더미가 가득한 일본과 새로 얻은 자유의 기쁨으로 들뜬 한국의 여성에게 참정권 부여라는 금지되었던 과일이 주어졌다. 여성은 투표에 참여할 수 있었을 뿐만 아니라, 법률상의 구속 없이 남성과 나란히 경쟁할 수 있게 되었다. 새로운 시대의 시작을 알리는 빛이 이 두 나라에 비추어진 것이다. 그러나 지난 50년간 이 빛은 현실과는 거리가 먼, 그저 이상의 빛에 지나지 않았다.

선거에 참여할 수 있는 정치 기회가 여성에게는 어떻게 주어졌는가? 선거권은 남성과 비슷한 수준으로 추구되었지만, 피선거권은 대체적으로 남성에게만 적용되었다. 한국과 일본의 여성의원 수는 세계 민주주의 국가들 가운데 최저수준이다. 물론 한국과 일본이 여성의원 수가 적은 유일한 국가는 아니다. 중요한 점은 양국 정치에서 여성의 점유율이 서구민주주의보다 매우 낮다는 것이다. 이를테면 1970년대 여성의원의 비율은 영국 의회 3%, 미국 하원 4.4%, 프랑스

국민의회 4.3%이다. 이에 반해 일본은 중의회에서 2% 이하, 한국에서는 1% 이하[1)]인 것으로 보고 되었다. 같은 시기에 서독 하원에서는 8.5%, 호주 하원에서는 10%, 네덜란드는 14%를 여성의원이 차지했다. 이 두 아시아 국가와 서구민주주의 국가 사이의 여성의원 수의 차이는 시간이 지나면서 더 커졌다. 1980년에서 1984년 사이에 여성은 한국 국회에서 단지 1%를 차지했고 일본 중의회에서는 3%를 차지했다. 여성의원의 점유율이 영국은 9%, 독일과 호주의 하원에서는 21%, 네덜란드의 하원에서는 31%로 증가했다. 한국과 일본의 비율은 또 다른 아시아 국가인 싱가포르의 4%보다도 낮은 수치이다.[2)] 그러나 최근 두 국가에서 중요한 변화가 관찰되었다. 2002년에 한국과 일본은 1970년대 1~2%로 낮았던 여성의원 비율을 7%로 끌어올림으로써 민주주의로의 진전을 보였다. 그러나 같은 해의 서구민주주의 국가들과 이 수치를 비교해 보면 큰 차이를 보이는데, 서구 민주주의 국가들의 수치 범위는 미국의 13%에서 스웨덴의 43%까지이다. 좀 더 자세히 살펴보면 영국 의회는 118명의 여성이 전체의석의 약 18%를 차지하고, 독일 하원은 200명의 여성의원이 전체의석의 약 31%를 차지하며, 네덜란드는 의원의 36%가 여성이다. 다시 말하면 한국과

1) 한국에서 제7대 국회(1967년 7월-1971년 6월)에는 오직 세 명의 여성이 선출되었다. 세 명 중에 한 명만이 국민투표로 선출되었고 나머지 두 명은 전국구를 통해 국회에 들어갔다. 다음 선거인 제8대 국회(1971년 7월-1972년 10월)에는 국민투표로 선출된 여성은 없었고 전국구로 선출된 5명의 여성이 있었다.

2) UN, 1995, 『The world's women 1995』; 재인용, 1997, 여성통계연보(KWDI에서 출판된 여성에 대한 통계연보).

일본의 여성이 상당한 진전을 보였음에도 불구하고, 그들의 진보는 서구민주주의 국가들보다 느린 것이었다.

이 책은 한국과 일본의 정치에서 여성들이 성공하지 못한 근본적인 원인을 문화와 선거시스템 사이의 관계와 역사에 초점을 맞춰 연구하는 것을 목적으로 한다.

1
젠더 불균형에 관한 이론적 배경

정치는 근본적으로 피지배와 지배의 권력 관계를 전제한다. 페미니스트 이론가들은 권력관계가 어떻게 생성되었는지에 상관없이, 여성의원이 소수라는 사실이 여성억압에 대한 정치적 표현이라고 말한다. 종종 인용되는 "누가, 무엇을, 어떻게, 언제 얻는가"하는 정치의 정의는 페미니스트 시각에서 보면 '누가'라는 부분에서 불균형한 젠더 관계가 보다 분명하게 드러난다. 그래서 여성들의 성공적인 정치참여가 제한되는 원인을 규명하는 많은 연구들이 종종 페미니스트 이론들과 연결된다. 심지어 페미니즘이 아닌 연구들조차 의원 구성에 젠더 불균형이 존재한다는 것에 동의한다. 젠더 불균형의 원인을 규명하려고 시도하는 몇몇 이론들을 살펴보자.

신마르크스주의자들은 남성과 가장 낮은 계급인 여성의 불균형한 관계를 결정짓는 요소가 '경제적 요인'이라고 주장한다. 성적 불평등의 경제적 기원에 대한 가장 설득력 있는 연구자인 오클리A. Oakly는, 피그미족에게는 젠더라는 변수가 개인의 역할이나 지위를 결정하는 중요한 요소가 아니라는 것을 발견했다. 오클리는 "사회적 역할과 지위의 결정요인으로서 생물학적 성의 역할은 무시해도 좋을 듯하다"고 말했다(1972, 149). 신마르크스주의 논의의 핵심은 원시 사회에서는 비록 남성들이 동물들을 사냥해 온다 하더라도 여성들의 식량 채집이 남성들의 기여보다 더 중요하기 때문에 형성된, 상대적으로 평등한 남녀 관계에 대한 관찰에 근거하고 있다. 그들은 남성과 여성 사이의 사회적 불평등은 이처럼 생물학적인 차이 때문이 아니라 경제적 요인에 있다고 주장한다.

비슷하게, 기엘 J.Z. Giele과 스머크 A.C. Smock, 1977는 농경사회에서 여성의 경제적 공헌과 사회적 지위 사이의 밀접한 관계를 발견했다. 예를 들면, 벼 성장기(여성이 씨뿌리기, 모내기, 추수하기에 참여한다) 동안 여성의 노동력이 중요한 필리핀과 캄보디아에서는 여성의 공적 지위가 상대적으로 높다. 반대로, 생산 양식에서 여성의 참여가 제한적이거나 미미한 다른 농경사회에서 여성은 사회적으로 낮은 지위를 가지고 공적인 일에는 거의 참여하지 못한다고 주장한다.

사적 유물론의 변증법적 전개라는 마르크스의 개념을 빌려온 경제결정론자들은, 생산양식에 기술변화가 나타나면서 역사가 상대적인 평등에서 불평등으로 옮겨간다고 주장한다. 그것은 생산양식이 사냥·채집에서 농지 경작으로, 궁극적으로 산업생산양식으로 변화하는 것을 말한다. 그들은 산업생산양식이 농지경작도구의 사용과 함께 관찰되기 시작한 사회적 계층화와 성적 불균형을 더욱 심화시켰다고 주장한다. 경제결정론자들에 따르면, 산업화의 출현은 더 큰 경제적 권력을 남성들에게 주었고 이러한 변화는 가족구조를 남성들이 통제할 수 있도록 재구성했다. 이것이 '가부장제의 기원'이다.

비록 마르크스가 가부장제와 생산수단의 지배 관계를 명확하게 보여주지 못했다 하더라도 신마르크스 주의자들은 이러한 개념이 마르크스에 있어서 함축적인 것이라고 주장한다. 맥도나 R. McDonagh와 해

리슨 R.Harrison, 1978에 따르면, 마르크스는 가부장제가 "가장이 생산수단을 소유하고 그것을 지배하고 가족 구성원들의 노동력을 조직화하는 가족 생산의 구체적 관계"를 암시한다고 보았다.

렌스키 G. Lenski, 1978는 사회적 불평등에 대한 이러한 경제적 해석에서 약간 벗어나서 과학기술의 변화에 의한 경제와 사회관계에 초점을 두었다. 그는 과학기술의 변화는 권력이 소수에게 집중되는 잉여경제를 초래했다고 보았다. 그는 원시적인 사냥·채집사회 또는 발전된 산업사회에서보다 농경사회에서 왜 계급 사이의 불평등이 더 심한 이유를 설명한다. 그는 경제적 의존 또는 경제적 상호의존이 불평등의 정도를 결정짓는 결정적인 요소라는 '곡선이론모델'을 주장한다. 사냥·채집 시기에는 살아남기 위해 모든 사람들의 노력에 의지해야만 했다. 그래서 보상은 상대적으로 평등하게 분배되었다. 생산에서 이와 유사한 상호의존이 발전된 산업사회에서도 관찰된다.

반대로 농경사회에서는 쟁기와 가축의 사용으로 여성에게 의지하지 않고 남성의 힘만으로 잉여 식량을 생산할 수 있게 되었다고 그는 주장한다. 이 잉여는 분배를 담당한 소수 엘리트 남성 집단에 의해 흡수되었다. 렌스키에 따르면, 이 엘리트 남성들은 잉여물의 일부를 삶을 지속하기에 충분할 만큼만 생산자들에게 주고 나머지는 자신들이 차지했다고 보았다. 엘리트나 주요 생산자가 아닌 사람들은 아무것도 받을 수 없었고, 결국 거지나 매춘부가 되었다.

이에 반해, 급진적 페미니스트라고 알려진 생물학적 결정론자들은 생물학적 성의 차이가 불균형한 관계의 원인이라고 주장한다. 반페미니스트들이 생물학적 차이를 남성 지배를 정당화하는 데 이용한 반면, 급진적 페미니스트들은 불평등의 원인을 생산관계가 아니라 인간생식(아기를 낳는 것)관계에 있다고 본다. 급진적 페미니즘의 대표적인 주창자인 파이어스톤S. Firestone은 마르크스가 변증법적 유물론의 역사에서 생식의 중요성을 밝히는 데 실패했다고 공격한다. 파이어스톤은 임신, 출산, 그 외 생식력과 관계된 제약들과 같이 여성에게 부여된 육체적 제약을 고려하면 남성 우월이 당연하다는 주장에까지 동의한다.

페미니즘의 가장 오랜 전통을 가진 근대화 이론가들은 페미니즘의 제1의 물결로 종종 언급된다. 그 전통은 영국의 자유주의 사상에서 시작된다. 페미니스트 의제를 위한 초기 자유주의 이론가인 존 스튜어트 밀과 메리 울스톤크래프트는 법률시스템 같은 사회의 제도적 결함이 여성억압의 원인이 된다고 주장했다. 그 전통에 따르면, 많은 근대화 이론가들은 민주화를 성 불평등을 제거하는 중요한 과정이라고 본다. 근대화 이론가들은 그들의 제도적 시스템을 바꾸려는 노력 때문에 흔히 자유주의 페미니스트들로 알려져 있다. 그러나 이 이론은 계급과 젠더의 불평등이 저발전의 원인이며 동시에 저발전의 표현이라는 주장때문에 혼란을 야기시킨다. 이 이론에 따르면, 전통적 사회·법 시스템에서 근대 서구사회의 사회·법 시스템으로 변화하면서 여성에게 강요된 족쇄는 점차 느슨해질 것이고, 결국 여성은 상대적 평등의 단계에 도달할 것이라고 한다(종종 근대화는 서구화와 동등하게 취급된다). 근대화 이론가들은 전통사회에서는 볼 수 없는 다양한 여성권리의 법제화를 예로 제시한다. 가장 자주 인용되는 예는 여성의 참정권, 재산권, 가부장적 이혼법의 개정 등이다Rapahel Patai, 1967.

이러한 예들은 전통사회 여성의 지위와 근대 산업사회 여성 지위의 차이점을 강조한다. 전통적 가치와 사회 시스템(여성에 대한 억압은 그런 시스템의 표현이다)을 고집하는 사회는 그 가치와 시스템의 고유한 비능률성 때문에 산업화와 근대화를 이루기가 어렵다. 그 결과는 저발전과 불평등의 영구화이다.

공적 영역에서 여성의 경력과 관련된 이론들의 대다수는 성 역할의 심리사회적 해석을 적용한다. 이러한 접근은 성역할에 대한 여성의 성향을 토대로 아동의 사회화 과정을 강조한다. 이러한 연구의 대다수는 그들의 데이터 분석을 위해 개인적인 사례에 초점을 맞춘다. 이를테면 인군 민스 Ingunn Means는 노르웨이에서는 가족의 영향이 여성의 정치 진출을 결정한다고 주장한다.

수잔 파 Susan Pharr, 1981는 일본의 여성 정치지망생들에 대한 연구에서 비슷한 접근을 시도했다. 수잔 파는 여아의 사회화와 문화변용과정이 그들의 성인기에 정치참여 또는 그 반대에 대해 결정적인 역할을 한다고 주장한다. 비슷하게 타키에 레브라 Takie Lebra는 일본 여성에게는 공적인 삶을 선택하는데 있어 여성의 직업에 대한 아버지의 생각이 커다란 영향을 준다는 점을 발견했다.

다른 연구자들은 여성정치인의 수를 증가시키거나 감소시키는 요인으로 여러 선거 시스템을 비교했다. 노리스 Norris는 단순 과반수제가 여성의 의회 진출에 가장 불리하다는 사실을 발견했다. 여성후보 모집을 위한 정당의 노력보다 여성이 선출되는 것에 큰 역할을 하는 것은 선거 시스템이다. 노리스의 말에 따르면 "소선거구제가 가지고 있는 문제점은, 정당들이 변화를 원해도, 당원들과 유권자들이 더 많은 여성들이 공직에 나가길 바란다고 소리 높여 말해도, 최종 결정이 개별적인 선거구민들에게 있는 한 그 메커니즘을 개혁하기 어렵다는 것이다" 1994, 120. 다시, 웰치, 클락 Darcy, Welch & Clark, 1994도 비슷한 주장을 했다. 그러나 다른 학자들은 여성의 대표성이 낮은 원인을 정치엘리트에 의한 여성 차별 때문이라고 보았다. 예를 들면, 바바라 데커드 Barbara S. Deckard, 1983는 정치에서 여성에 대한 남성의 지속적인 지배가 여성의원 결핍의 원인이 된다고 보았다. 또한 이런 지배가 남성들에게 권력을 주기 때문에 남성들은 그러한 지배를 영속시키려고 한다고 주장한다.

이러한 접근들은 남성과 여성의 불균형 관계의 원인을 설명하는데 어느 정도 유용하지만 만족스럽고 이해할 만한 원인모델을 제공하지는 못한다. 예를 들면 생물학적 결정론자들의 접근은 보편적인 적용성을 가지고 있지만, 그들의 이론은 "변화"를 설명하지 못한다. 다시 말하면 여성과 남성의 생물학적 차이는 어느 사회를 막론하고 다름이 없다. 그러나 그들의 상관관계(사회관계)는 사회마다 차이가 있다. 더욱이 동일 사회 내에서 시간의 변화에 따라 일어나는 남녀관계의 변화를 이 생물학적 결정론으로 보면 도저히 이해할 수가 없다. 또한 변화의 속도도 이 이론은 설명할 수가 없다. 다시 말하면, 생물학적 해석은 공간과 시간의 변화 모두에 대해 설명하지 못한다.

마르크스주의자들과 근대화 이론가들에게도 유사한 문제가 나타난다. 이 두 접근의 주요 문제점은 그들이 사회의 역사적 구체성, 문화적 특수성, 그리고 독특한 사회구조를 고려하지 않은 데서 생겨났다. 우선, 사회적 맥락에서 산업화의 함축적 의미부터 알아보자. 17

세기에 시작된 유럽의 산업화가 유럽 여성의 지위에 미친 영향이, 19세기 후반에 일어난 일본의 산업화가 일본 여성의 지위에 미친 영향과 같다고 간주할 수 있는가? 기술의 발명은 이미 존재하는 기술을 다른 사회로부터 단지 빌려왔을 때에도 똑같은 사회적 효과를 가지는가? 비슷하게, 페미니스트 운동과 다른 사회적 개혁 노력의 자연적인 성장이, 국가에 의해 강요된 성장과 같은 방식으로 다루어질 수 있는가? 마찬가지로 우리는 유럽과 아시아의 커다란 문화적 차이를 어떻게 다루는가?

비슷한 흐름에서 만약 여성의 경제적 참여가 정말 사회 진보의 열쇠라면, 우리는 남녀 모두 균등하게 얼마 안 되는 경제적 공헌을 하는, 경제적으로 저하된 사회나 전근대사회에서 남성과 여성 사이의 상대적 평등을 관찰할 수 있는가? 많은 마르크스주의자들의 주장과는 달리, 대부분의 학자들은 저개발된 사회에서 여성 억압이 더 많이 발생하는 경향이 있다는 데 동의한다. 여성보다 남성에게 유리한 법률 시스템을 가진 아랍 국가들이 좋은 예이다.

심리사회적 접근 또한 사회화가 일어나는 곳이 사회라는 넓은 맥락을 간과하는 이론적 문제를 안고 있다. 사람들은 정치에 관한 가족의 성향에 초점을 맞추어서 만약 한 여성이 적절한 사회화를 거치고 부모로부터 격려를 받는다면 그녀가 성인이 되었을 때 여성정치가가 될 수 있다고 믿는 오류를 쉽게 범할 수 있다. 이것은 어떤 경우에는 사실일 수 있다. 그러나 "실패한 사례"는 어떠한가? 가족의 지원과 적절한 사회화 과정에도 불구하고 사회의 압박 때문에 정치나 어떤 형태의 공직에서도 경력을 가져본 적이 없는 여성들이 존재할 수 있는가? 공적 영역에서 남성에게 유리한 성비의 불균형을 볼 때, 성공 사례보다 실패 사례가 더 많다는 가정이 안전하지 않은가? 더욱이 성공한 여성정치인의 사례를 가지고 그들의 어린 시절을 재구성한다는 점에서 심리사회적 주장의 논리는 매우 취약하다. 다시 말하면 심리사회적 이론은 다음과 같은 순환 논법의 오류에 빠지기 쉽다. 즉, 여성정치인은 적절한 사회화를 거친다. 그리고 적절한 사회화로 인해 그들은 여성정치인이 된다는 이론이다.

심리사회적 이론의 방법론도 이 "해체와 재구성deconstruction and reconstruction" 방법의 대부분이 인터뷰 또는 자서전에서 얻어진 전기적 기술에 기초한다는 문제를 가지고 있다. 전기 작품에 대한 직접적인 연구가 없다면 이 방법론은 사례를 검증하기에는 편파적인 설명을 제공할 가능성이 있고, 그 결과는 종종 인터뷰 대상자들의 "미화"로 나타날 것이다.

이 이론들의 문제를 요약하면 생물학적 해석들은 시간과 공간의 변화를 설명할 수 없다. 신마르크스주의 이론을 사용하는 것은 반대사실counterfactual에 입각한 주장을 하는 것이다. 예를 들면, 만약 한국이나 일본에서 산업화가 일어나지 않았다면, 또는 경제적 불평등이 존재하지 않았다면 이 국가들에는 좀 더 많은 여성정치인이 있었을 것이라는 주장이다. 심리사회적 이론은 유기적 통합체, 즉 사회를 무시하는 반면 가정환경을 지나치게 강조함으로써 그 이론적 틀에 있어서 근시안적일 경향이 있다.

근대화 이론과 자유주의 페미니스트 사상은 대부분의 근대 민주주의가 성평등을 명백히 하는 법률 시스템을 가지고 있다는 것을 부인하지 않는다. 이 관점에 따르면 기술의 근대화는 사회·정치적 근대화를 가져온다. 좀 더 구체적으로 말하면 사회·정치적 근대화의 정도는 과학 기술의 근대화를 가져왔고 그 역도 성립된다. 만약 근대화 이론이 보편적인 사실이라면 가장 발전된 산업국가 중의 하나인 일본은 상대적으로 여성정치인의 수가 많아야 한다. 한국의 헌법 또한 여성의 평등을 보장한다. 그러나 사실이 그렇지 못한 것은 자유주의 페미니스트 이론의 결함을 보여주는 것이다.

19세기 중반 한국과 일본이 은둔자에서 벗어나 세계 무대로 들어오면서 법 개혁을 실시했다는 것은 사실이다. 비록 제한적이기는 하지만 여성에게 근대 교육의 권리가 주어졌다. 두 국가의 여성에게 기본적인 정치적 권리가 주어진 것은 제2차 세계대전 후 미군의 보호 아래에서였다. 그럼에도 불구하고 이 두 국가의 여성의원 비율이 낮은 것은 법률상의 개혁만으로는 여성이 정치에서 성공하기에 충분한 조건이 되지 못한다는 것을 보여준다. 이것은 과학기술의 발전과 정치 시스템의 근대화가 반드시 정치적 민주화의 정도와 일치하지는 않는다는 것을 나타낸다. 진정한 정치적 민주화는 정치 시스템의 민주화를 포함할 뿐만 아니라 문화의 민주화도 수반해야만 한다. 그 결과 자신의 능력 이외의 다른 요인들에 의해 자신의 욕구가 제한되어서는 안 된다. 그러므로 자유주의 페미니스트 이론가들조차 한국과 일본 입법부에서 여성의원의 지나치게 낮은 비율을 설명하지 못한다.

그렇다면 이제 어떻게 이 문제에 접근해야 하는가? 나는 정치의 두 가지 중요한 측면에 초점을 둘 것이다. 정치 시스템의 맥락 안에서 정치의 메커니즘과 문화적 작용이 그것이다. 첫 번째 부분에서는 정치 시스템의 역사적 분석과 여성의 정치참여 기원에 초점을 맞춘다. 그 다음 부분에서는 문화적 변수에 반하여 구조적 변수를 조사한다. 구조적 변수와 관련해서 선거와 정치 시스템을 연구할 것이다. 문화적 변수에 관해서는 중앙정치로의 입문 이전의 의원들의 경력을 비교할 것이다. 구조적 변수와 문화적 변수의 교차 테스트에 의해 나는 이 두 변수가 어떻게 여성의 선출직 기회에 작용하는지 설명하고자 한다. 책의 구성에 있어서, 국가별로 각 장을 완전히 분리하기보다 한국과 일본을 상호참조할 것이다.

2
연구방법

이 연구를 위한 자료는 문헌조사와 현지조사를 모두 수반한다. 현지조사는 인터뷰, 문헌조사, 정부와 정당 그리고 풀뿌리 단체들에서 출판된 모든 문건을 포함한다. 나는 NHK와 이치카와 후사에 Ichikawa Fusae기념관이 실시한 매우 유용한 여론조사를 발견했다. 일본에서의 인터뷰는 1990년 여름 도쿄에서 4개 주요정당(자민당 LPD, 사회당 JSP, 공산당 JCP, 공명당 CGP)의 여성의원들과 이루어졌다. 또한 여성의원들의 시각과 비교하기 위해 각 정당(공명당을 제외한)에서 최소한 한 명 이상의 남성의원과 인터뷰를 했다. 의원들뿐만 아니라 소비자단체와 여성단체, 의원이 아닌 정당종사자, 일반시민, 후보모집과정에서 떨어진 여성들을 인터뷰했다.

한국에 관한 현지조사는 저자의 연구년이었던 2000년에 풀뿌리 단체 참여자들을 관찰하고 인터뷰하는 데 크게 비중을 두었다. 이 두 국가에서의 인터뷰는 자발적인 응답을 도출하기 위해 자유롭게 대답할 수 있는 질문을 신중하게 구성하여 반구조화된 방법으로 진행되었다. 이 방법은 응답자가 준비된 목록으로부터 답변을 선택하기보다 자신들의 대답을 명확히 함으로써 조사에서 능동적인 참여자가 된다는 또 다른 장점을 가지고 있었다. 일본에서는 1995년, 한국에서는 2000년에 여론조사를 각각 실시했다.

이 책은 기본적으로 질적이고 해석적인 분석서이다. 몇 개의 표와 그림은 양적분석과 모델링을 만들기 위해서가 아니라 해석을 위한 기초로 제시될 것이다. 다음 장들에서 나타나듯이 이 책은 양적연구가 제공할 수 있는 것보다 더 심도 있는 전체적인 사회 · 정치적 특성에 대한 이해를 요구할 것이다. 이러한 이유로 한국 국회와 일본 의회에서 여성의원의 낮은 비율은 해석적 분석에 의해 가장 잘 설명될 수 있다고 생각한다.

3

개관

다음 장에서는 국가 초기에 이 두 국가의 여성의 정치참여가 국제 정치에 의해 어떻게 증진되고 억제되었는가의 관계를 다룬다. 일본의 사례에 초점을 맞춘 이 장의 많은 부분은 후기개발도상국가들뿐 아니라 한국의 사례와도 비교될 것이다. 중요한 목적은 초기 단계의 여성운동의 본질이 차세대 여성의 정치참여에 어떻게 영향을 주어왔는지에 대한 이해를 제공하는 데 있다.

이러한 전제는 현재 여성의 정치 현실이 과거 여성의 정치적 행동에 의해서 형성되고 크게 영향 받아왔다는 것이다. 과거 여성의 정치적 행동에는 각 국가의 정치사가 반영되어 있고 문화적 규범, 가치와 연결되는 경향이 있다. 이 배경연구는 제2차 세계대전 이후에 미점령군에 의해 강요된 혁명적인 제도적 변화에도 불구하고 왜 한국과 일본에서 여성의원 비율이 낮은지 이해하는 데 도움을 줄 것이다. 한국과 일본의 사례는 제도적인 변화가 전통적으로 소외되어 온 대중을 힘 있는 엘리트 집단에 포함시키기에 역부족이란 것을 우리에게 말해준다.

3장은 후보모집과 선발의 공식적, 비공식적인 경로에 초점을 맞춘다. 이 장의 목적은 정당들이 "의도적인 여성배제 정책"을 추구하는지 조사하는 것이다. 만약 그렇다면 그것은 무엇 때문인가? 만약 그렇지 않다면 왜 여성의원의 비율이 낮은가? 후보모집과 선발과정에서 일본 여성에 대한 정치의 구조적 관점과 문화적 관점 사이의 상호작용의 효과는 무엇인가?

4장은 현재 정치 시스템의 전개를 살펴본다. 첫 번째 부분은 일본 의회시스템과 그 특성에 대해 다룬다. 외견상 민주적인 정치 시스템과 정당(특히 여당인 자유민주당)들이 일본 정치문화와 연결될 때 어떻게 여성의 활동적인 정치참여에 불리한 영향을 미치는지 논의한다. 한국에 대한 논의, 해석, 분석은 이 장에서는 제외했다. 왜냐하면 최근 10여 년을 제외하고 한국은 해방 후 주로 군사체제하에 있었기 때문에 중요한 정치시스템 변수가 거의 없기 때문이다.

문화 연구가 국회의원들의 경력을 조사하는 반면, 구조적 변수 연구는 정당과 선거시스템 사이의 관계에 초점을 둔다. 경력 조사에 의해 실제 후보 모집에 대한 통찰력이 얻어지고, 이는 정치에서 실제로 여성에 대한 반감이 시작되는 부분에 대한 이해를 제공한다. "거르는 filtering" 과정이 정당 차원에서 발생하는가, 아니면 그러한 반감이 사회 안에서 더 공고히 되는가?

나는 한국 정치의 후보모집과정을 다룰 때, 정당 변수나 모집 과정 자체에 대해서는 최소한의 논의만 할 것이다. 여기에는 두 가지 이유가 있다. 첫째, 여성의원의 수가 너무 극소수여서 정당이 의미 있는 변수로 작용하기 힘들다. 둘째, 한국에서 식민시기 이후 정치의 특징으로 나타나는 포괄적인 정치 억압이 정당 간 차이점에 대한 논의를 무의미하게 만든다. 간결하게 설명하면, 정도의 차이는 있지만 대부분의 군사독재정부는 상명하달식 의사결정의 일인, 일당 지배였다.

5장에서는 정치적 이방인들이 정치적 기술을 발전시키고 배울 수 있는 기회를 증진시키는 데 있어 풀뿌리 정치의 역할을 논의할 것이다. 일본에서는 세이카츠 클럽 Seikatsu club이라는 소비자 단체에 초점을 맞추고, 한국에서는 1970년대 이후의 민주투사의 정치운동을 다룰 것이다. 한두 개의 조직에 초점을 맞추기보다 전통적으로 정치적 범주 외부에 있었던 여성 집단이 정치화되고 한국의 정치적 변화를 위한 주요 행위자로서 활동하는 과정을 연구할 것이다.

결론에서는 한국과 일본에서 여성의 정치적 포부와는 반대로 작용하는 메커니즘을 뚜렷이 하기 위해서 지금까지 전개해 온 주요 주제를 정리하고 종합할 것이다. 전후 한국과 일본을 각각 7년과 3년씩 점령했던 미국이 계획하고 강요한 자유민주주의 시스템에도 불구하고, 왜 이 두 국가의 여성의원의 비율이 계속 낮은가? 이 책은 여성들의 욕구를 실현하지 못하게 한 원인을 찾는 것이라기보다는, 한국과 일본의 여성들이 정치가로서의 꿈을 실현하는 과정에서 느끼고 체험한 경험의 차이점과 유사점을 다루는 것이다.

02

페미니즘과 민족주의

최근까지 대부분의 페미니스트 연구는 여성 이슈와 정책을 국내정치의 일부로만 다루어왔다. 그들이 논의하는 이슈는 그들이 채택하는 방법론만큼이나 다양하다. 어떤 연구는 여성의 정치적 활동방식에 초점을 맞추는 반면, 또 다른 연구는 남성과 여성의 불평등한 관계의 원인에 흥미를 갖는다. 포스트모더니스트들이 객관적이고 무성적인 genderless 지식과 현실의 가능성에 대해 인식론적 비판을 하는 반면, 어떤 페미니스트들은 철학자들이 여성을 다루는 방식에 관심을 갖는다. 그 접근들이 경험적이든 이론적이든 또는 구조적이든 문화적이든, 최근까지 페미니스트 학문의 결점으로 지적되었던 부분은 그들의 분석에 국제정치가 제외되었다는 것이다. 여성문제는 국제정치와는 전혀 상관없이 국내에 제한된 정치문제인가? 커다란 국제환경 안에서 국내정치의 위상에 대한 고려 없이 여성에 대한 의미 있는 논의가 어느 정도 가능한가?

지난 10년 동안 증가한 페미니스트 학자들은 종속접근 depen-dency approach과 유색인종 여성들에 의한 비평에 영감을 받아 국제적 시각으로 여성을 연구하기 시작했다. 1990년대 초기의 신티아 엔로 Cynthia

Enloe의 선구적 연구는 국제관계학자들이 여성을 소홀하게 다룬다고 비판했다. 캐서린 스콧 Catherine Scott은 근대화이론과 종속이론이 여성 이슈를 다루는 데 있어 근대화와 종속 같은 용어 개념화에서조차 불충분하다는 것을 지적했다 Scott, 1995. 저개발국가 여성학자들은 제3세계의 문화적 특성에 둔감한 서구 페미니스트들을 비판했다 West, 1997. 동시에 서구 페미니스트들은 미제국주의의 수단이 되었다는 비난에 직면했다 Sternbach et al, 1995. 이러한 비판은 무엇보다 반외국 anti-foreign, 특히 반서구 anti-Western라는 저개발국의 정서의 산물이다. 이 때문에 찬드라 모한티 Chandra Mohanty는 제3세계에서 페미니즘은 민족주의 개념과 분리할 수 없는 것이라고 경고한다 Mohanty, Russo & Torres, 1991. 페미니즘과 민족주의 관계에서 보면, 서구 페미니즘의 핵심 사상인 개인의 자유와 평등이라는 일반적 개념은 후기개발도상국의 페미니즘, 그리고 19세기 후반에서 20세기 초반 식민지 국가의 페미니즘과 충돌한 것이 확실하다.

캐롤 페이트만 Carole Pateman은 많은 계약/민주주의 이론가들이 민주주의 생존이 "태생적 자유 naturally born free" 또는 인간의 자연권 개념에서 여성의 배제에 의존하는 가정假定을 한다고 지적한다 Pateman, 1989, 3-7. 그럼에도 불구하고 산업화 초기 서구민주주의에서 여성들의 정치적 행동은 여성의 자유라는 개념과 노예제 폐지 같은 일반 민주화운동과 밀접하게 연계되어 있었다 Flexner, 1975; Randall, 1987. 그러나 이런 페미니즘과 민주주의운동 사이의 일반적 친밀성이 일본의 초기 여성 정치 활동을 적절하게 설명해 주지는 못한다.

이 연구는 왜 일본 여성들이 페미니스트 민주주의운동을 발전시키고 진보시킬 수 없었는가에 관한 것이다. 이 연구의 중요한 주장은 한 국가의 정치방향을 결정하는 요소로 "타이밍 timing"이 여성의 정치적 경험의 성향에 영향을 준다는 것이다. 특정한 국제환경에서 다른 산업화 단계에 있는 국가들은 안과 밖에서 서로 다른 압력을 경험한다. 그리고 이 차이들이 여성의 정치적 행동의 특징을 주로 형성한다. 나는 이 "타이밍"이 후기개발도상국가 여성들의 정치적 행동을 방해함과 동시에 추진하는 힘을 갖고 있다고 주장한다. 이러한 힘은 일반적으로 페미니스트 사상과 의식의 성장을 저해한다. 이 문제에 답하기 위해 나는 국제환경의 맥락에서 처음 나타난 여성의 정치행동주의의 사례를 연구하였다.

1
일본 여성의 정치활동 : 후발주자로서의 일본의 산업화

일본에서 여성 개혁운동의 근원은 산업화와 민주화를 향한 운동으로 발생한 역사적 진화과정에서 찾을 수 있다. 일본 산업화와 서구 산업화의 영향에는 유사점도 있지만 현저한 차이점도 있다. 어떤 사회는 좀 매끄럽게 이행 과정을 겪는 반면, 어떤 사회는 오직 혁명을 통해서만 변화가 가능하다. 배링턴 무어 Barrington Moore가 그의 중요한 연구인 『Social Origins of Dictatorship and Democracy 독재와 민주주의의 사회적 기원』에서 주장한 바에 따르면, 산업화 정도와 기업가와 정부의 관계는 국가의 정부형태를 결정하는 중요한 요소이다 Moore, 1966.

스카치폴 Skocpol, 1979은 성공적인 사회 혁명은 세 가지 중요한 필수 조건을 요구하는데, 그 중 하나가 외부로부터의 압력이라고 주장한다. 이 외부로부터의 압력은 그 국가가 세계사의 특정 시기에 차지하고 있는 지위와 많은 관계가 있다. 스카치폴의 개념을 빌려와서, 나는 세계사와의 관련 속에서 한 국가의 산업화 타이밍이 그 시기의 국가의 정치 방향을 결정한다고 생각한다. 18세기에 영국이 꽤 발전된 단계의 산업화를 즐긴 반면, 일본은 19세기 후반까지 산업화가 시작되지 못했다. 늦은 산업화는 일본에게 이미 산업화된 국가들이 경험하지 못했던 심리적인 부담을 주었다. 일본의 정치지도자들은 서구 국가들과 비교되는 일본의 상대적인 후진성이 불안했고, 서구 국가들에 의한 치외법권 통치가 일본의 열등을 의미한다고 생각했다. 일본의 산업화는 자연스러운 역사과정으로 인한 서양과 미국의 산업화와 달리, 국가를 근대화하기 위한 "노력"의 일환이었다. 거센크론 Gerschenkron, 1962의 논의에 따르면, 저개발국가의 특징 중 하나는 산업발전을 정부에 의존한다는 것이다. 거센크론이 독일과 러시아의 예에서 설명한 것처럼 일본도 경제발전을 위해 정부에 많이 의존했다. 게다가 일본은 한 걸음 더 나아가 사회개혁조차 거대한 근대화 정책 속에 포함시켰다.

2
메이지 지식인들과 일본의 사회시스템

근대 일본의 탄생을 알리는 메이지유신은 일본을 근대화하려는 역사적 사건이었으며 이는 소수의 젊고 낮은 서열의 사무라이들이 일으킨 무혈혁명이었다. 주요 목표는 서구 "따라잡기"와 "일등국가 itto kokka, 잇토 코카" 서열에 들어가는 것이었다. 서구가 일본의 모델이었기 때문에 서구의 수용은 가장 중요한 일이였다. 일본의 가족제도, 특히 축첩제도는 메이지정부의 안목에서 볼 때 서구 국가가 가장 받아들이기 어려운 일본 관습 중 하나였다. 일본에서 아내의 간통은 사형에 처해질 수도 있었던 반면, 남편의 경우 경제적 여유에 따라 많은 첩을 둘 수 있었다. 게다가 만약 남편의 간통을 통해 아내가 성병에 걸린다 하더라도 그녀는 도움을 청할 수조차 없었다. 아내는 법적인 조치를 취하지 못하고 남편과 그의 가족들에 의해 악처로 고발당하는 경우가 대부분이었다. 그녀가 아내로서의 의무를 다하지 못해 남편으로 하여금 다른 여성을 찾도록 "강요"했고, 따라서 성병으로 인한 남편의 고통은 아내의 과실이라는 주장이 이를 뒷받침했다. 남편의 가족뿐만 아니라 일본사회 전반에서 이 논리는 빈번하게 통용되었다. Molony, 1980.

개혁의 첫 단계는 현재의 사회규범, 관습, 신념의 정당성에 의문을 제기하는 것이었다. 남성과 비교해 여성이 선천적으로 열등하다는 것과 가부장적인 일본 가족제도를 지지했던 온나 다이가쿠 Onna Daigaku 女大學, 여성을 위한 훌륭한 학문의 가르침과 여성미덕의 전통적 가치들은 비판적으로 검토되었다. 강력한 근대국가 건설이라는 계획에 집중한 메이지 지식인들은 불평등한 성관계 또한 비판하였다 Fukuzawa, 1899; 1966. 지식인들과 정치가들은 그들의 일상적 행동까지도 신사적 행동방식에 맞추기 위해 애썼다. 여성을 위해 문을 열어주는 것도 새롭게 받아들인 행동방식의 표시였다. 이렇게 피상적으로 서구 "기사도 chivalry"를 채택한 것은 일본을 서구처럼 "보이게" 하려는 목적이었다. 좀 더 일상적인 면에서 보면 이혼법은 1873년에 약간 변경되었지만 축첩 제도는 영향을 받지 않고 남아 있었다.

그러나 여성의 지위를 향상하려는 국가의 의지는 거기서 그쳤다. 1900년대 초에는 일본의 "모델" 국가들이 여성에게 참정권을 허용하지 않았으므로 일본 정부 역시 이것을 국가의제로 삼지 않았다. 심지어 어떤 형태의 여성정치참여도 받아들이지 않았다. 그것은 일본정부가 여성이슈뿐만 아니라 사회개혁운동의 전범위에서도 양면적 태도를 보였다는 것을 나타낸다.

3

여성, 자유 민권운동 The Popular Rights Movement, 그리고 자유당

메이지시대 초기 일본여성의 정치활동은 자유민권운동의 참여와 더불어 시작되었다. 이 운동은 메이지 독재자에게 제안한 권력 분산이 거부당하자 불만을 품은 진보적인 남성 지식인들에 의해 시작되었다. 거의 10년 동안 유지되었던 자유민권운동은 1881년에 정치적 정당, 즉 자유당 Jiyuto으로 변형되어 운동으로서의 생명력을 잃었다 Bowen, 1980; Sievers, 1983; Scalapino, 1953. 그 운동은 대의정치 형태로 권력 분산의 필요성을 지지했으며 여성을 포함한 모두의 평등권을 강조했다. 아이러니컬하게도 그 운동의 지도자들은 모두의 평등권을 주장하면서도 여성의 정치권리에 대해서는 다른 산업 국가들이 그러한 권리를 거의 가지고 있지 않다는 이유로 다소 양면적인 견해를 보였다 Sievers 1983. 비슷한 이유로 메이지 과두통치자들은 여성의 참정권을 인정하지 않았고 오직 재산세를 내는 남성에게만 참정권을 부여했다. 메이지 통치자가 1890년에 헌법 정부를 설립하겠다는 칙령을 1881년에 선언했을 때, 자유민권운동의 지도자는 조직을 해산시키고 자유민권운동의 기본적인 원칙을 채택한 자유당이라는 정당을 설립했다.

당의 진보적인 성향에도 불구하고, 강한 국가 건설이라는 메이지 국가의 목표는 당의 선두 지식인들의 저작에서도 압도적으로 나타났다. 예를 들면, 자유당의 지적인 대변인 우에키 에모리 Ueki Emory는 루소 Rousseau와 로크 Locke같은 서양 철학자들에게 영향을 받았음에도 불구하고 강한 국민과 강한 국가창조를 강조했다 Scalapino, 1953. 게다가 우에키의 도쿠가와 Tokugawa에 대한 이해는 민중의 자유라는 서구 개념과 메이지정부의 주제인 "국가의 본질", 즉 코쿠타이 Kokutai의 종합이었다. "…그들(도쿠가와)은 국민의 자유를 침해했고 존경받는 황실을 무시했기 때문에 전복되었다" Scalapino, 1953, 70-71. 다시 말하면 메이지정부는 강한 국가 건설이라는 목표를 지식인들과 분담했다.

그러나 일본 페미니스트들은 자유당(자유민권운동의 연장)에서 그들과의 유사성과 특정 관심부분을 발견했다. 키시다 토시코 Kishida Toshiko는 자유민권운동에 참여한 최초의 여성 중 한명이었다. 키시다의 주된 관심은 여성 이슈를 제기하고 여성의 지위를 향상시키는 것이었다. 교토-오사카지역의 부유한 상인집안에서 태어난 키시다는 진보적인 교육을 받았다. 키시다는 성의 억압으로부터 벗어나라는 어머니의 격려로 다양한 서구 문헌을 학습하였고 2년간 메이지 황후의 문학 가정교사로 있었다. 정부가 입헌정부 수립계획을 공표하고 자유당이 설립되던 1881년에 키시다는 황실을 떠나 자유민권운동 지도자들과 접촉을 시작했다. 그때부터 키시다가 사망한 1901년까지 그녀는 자유당의 가장 저명한 대변인이었다. 연설의 정확한 내용은 신문들이 키시다가 한 말보다 그녀가 입고 있던 옷에 더 흥미를 보였기 때문에 오늘날 알려져 있지 않다 Sievers, 1983.

자유민권운동과 그것의 연장선상인 자유당의 지도자들이 그들의 보수적인 성향에도 불구하고 순회연설에 여성을 참여시키는 것에 왜 관심을 가졌는지는 논의해 볼 문제이다. 당이 키시다를 대변인으로 임명한 가장 중요한 이유는 키시다의 지성과 웅변술 때문이었을 것이다. 그러나 자유당이 키시다의 이러한 재능보다 여성대변인을 보유하고 있다는 특성을 정치적으로 이용하려고 했다는 견해가 온당한 것 같다. 그리고 많은 사람들이 여성대변인에 대한 호기심 때문에 정치 회동에 관심을 가졌던 것 같다. 캐슬린 몰로니는 정당이 여성의 자격을 고려하지 않고 신기한 쇼로써 연단에 여성대변인을 세우는 것이 드문 일은 아니라고 언급한다 Molony, 1980.

키시다의 웅변술은 매우 효과적이어서 많은 여성에게 영향을 미쳤다. 키시다는 대중 연설을 통해 이후 일본에서 가장 유명한 초기 페미니스트가 되는 후쿠다 히데코 Fukuda Hideko와 접촉하게 된다. 시버즈 Sievers, 1983의 조사에 따르면 여성의 정치 행동은 사립학교와 학습모임의 설립, 여학교 교과과정의 개선을 위해 현縣 관계자에게 청원, 정치적 집회 참여를 포함하였다. 그들은 또한 자유당을 위해 모금활동을 했다 Sievers, 1983, 42. 이 모든 활동은 1883년 키시다가 체포된 후 갑자기 중단되었다.

자유당과 페미니스트들은 채택된 이슈들에 대해 공유된 관점을 가진다는 점에서 실질적 공생 관계였다. 자유당은 여성대변인을 보유함으로써 많은 청중을 모을 수 있었고, 페미니스트들은 자유당으로부터 연설을 할 수 있는 연단을 제공받고 자유당에게 할당된 미디어를 통해 방송보도의 혜택을 받았다. 몇몇 페미니스트들은 정치적 연합뿐만 아니라 공적 관계를 넘어서 당 내외 사람들과 개인적인 친분을 쌓기도 했다. 예를 들어 키시다는 이후 당의 지도자인 나카지마 노부유키와 결혼하였다.

이 밀접한 관계를 보면 당이 붕괴했을 때 페미니스트 활동이 중단된 것은 당연하다. 당내분열에 대한 책임과 정부의 압력으로 시달리던 이타가키 Itagaki가 1882년 후반 유럽여행을 명목으로 떠났을 때 자유당은 가장 영향력 있는 지도자를 잃었다. 자유당은 1884년 10월에 해체되었다(자유당은 원로 정치가인 이토 히로부미 Ito Hirobumi의 지도 아래 그 후 재창설되었다). 그 후 자유민권운동은 저항 성격을 잃었다. 민중의 목소리를 대변하기보다는 좀 더 관료적인 정부 정당처럼 되었다. 자유당의 붕괴는 페미니스트 운동에 역효과를 가져왔다. 가장 중요한 이유는 여성운동가들이 자유당과 같은 다수당에게 보여주는 방송의 관심을 자유당의 붕괴와 함께 잃어버렸기 때문이다. 그래서 지도자들은 대중에게 접근하는 보다 덜 효과적인 수단인 잡지, 저널, 신문에 의지할 수밖에 없었다. 그러나 이러한 수단들도 독자가 출판물을 구독할 여유가 있는 교양 있는 엘리트만으로 제한된다는 한계가 있었다.

여성의 개혁활동의 일반적 성격은 두 가지 특징적인 단계를 거쳐 왔다. 국가주도의 단계와 이어서 진행되는 일반적 자유주의운동 단계가 그것이었다. 본질적으로 여성의 지위를 향상시키려는 초기 시도는 메이지 국가의 서구화 의제 중 하나였다. 주요 사례는 이혼법의 개정이었다. 이어서 여성의 정치활동은 이후 자유당이라는 이름 아래 보수정당으로 변형된 자유민권운동의 지도자들이 시작한 자유주의운동과 융화되었다.

역사적 배경에서 여성의 지위를 향상시키려는 초기의 시도를 살펴보면 여성운동이 정부의 압력을 견디기 어려웠다는 것은 쉽게 예상할 수 있다. 1880년대 후반까지 초기 페미니스트 운동과 페미니스트 정치활동들은 정부의 견제를 견디기에는 너무 허약했다. 1887년 평화보존법 Peace Preservation Law of 1887은 자유주의와 특히 자유민권운동의 잔재를 포함함으로써 페미니스트 정치행동에 마지막 타격을 주었다. 국제상황의 변화와 1894년 중국과의 전쟁은 이미 저하된 여성운동의 에너지를 더 떨어뜨렸고 곧이어 1905년에 일어난 러시아와의 전쟁은 이후 10년 간 모든 사회 개혁 노력을 결정적으로 끝나게 만들었다. 대신 민족주의가 모든 정치의 초점이 되었다. 여성운동은 1907년에 문학적 특성을 가진 여성 조직에 의해 부활될 때까지 휴면상태로 남아 있었다 Sievers, 1983. 또한 국가 주요 정책에서 벗어난 투쟁은 애국심이 없는 것으로 간주되었다. 더욱이 정부는 1900년대 초 여성단체에 대한 지배력을 강화하기 위해 공공집회에 대한 법규를 개정했다. 1901년 치안경찰법 Police Security Law of 1901의 악명 높은 5개 조항은 여성과 "무능력자들 incompetents"의 정치참여 권리를 인정하지 않았다. 여성들은 의회에 참관인으로서 참석하는 것도 금지되었다. 사적인 생활조차도 "가정은 사적 감정들이 제거된 공적인 공간"이라고 표방하는 정부에 의해 영향을 받았다 Nolte and Hastings, 1991, 156.

적대적인 사회흐름에도 불구하고 여성운동을 포기하지 않았던 용감한 여성들이 있었다. 히라츠카 라이초 Hiratsuka Raicho는 그들 중 가장 두드러지고 영향력 있는 인물이었다. 히라츠카는 1911년에 일본의 도시 엘리트 여성들로 이루어진 클럽인 세이토샤 Seitosha, Bluestocking Society를 설립했다. 이 클럽은 유럽문학에 관심을 갖는 문학단체로 시작되었지만 그 일반적인 성향은 자유주의와 페미니즘이었다. 입센 Ibsen과 다른 유럽작가들의 작품에 고취되어 세이토 Seito, Bluestocking라는 저널을 통해 일본 사회시스템을 검토하고 비판하기 시작했다. 세이토는 도시 엘리트 여성들 사이에 유포되었고 구독자가 약 3천 명에 이르렀다. 예상한 대로 그 저널의 발간은 정부의 조사와 검열을 불러일으켰다. 정부는 세이토의 계속되는 사회비판이 사회를 교란시킨다고 판단하고, 1916년에 공공도덕과 가족제도를 붕괴시킨다는 이유로 발매를 금지시켰다.

카토 이시모토 시즈에 Kato Ishimoto Shizue 역시 여성의 자유에 끊임없이 지지를 보냈던 여성이었다. 그녀는 귀족집안에서 태어나 이시모토 남작 Baron Ishimoto과 결혼했다가 이혼했다. 그녀는 여성이 자신의 정체성을 찾고 자기개발을 하기 위해서는 대가족의 굴레로부터 벗어나야 한다고 생각했다. 이시모토 시즈에는 이 신념을 토대로 일본여성들에게 출산을 조절하는 방법을 가르쳤고 산아제한운동 birth control movement의 선구자로서 명성을 쌓았다 Ishimoto, 1935; 1984. 그녀는 미국의 산아제한운동 선구자인 마가렛 생거 Margaret S anger로부터 영감을 받았다. 여성복지에 대한 그녀의 관심은 1922년 3월에 마가렛 생거가 일본에 왔을 때 결실을 맺었다. 이시모토 시즈에는 생거가 도쿄에 도착한 며칠 후에 남편인 바론 이시모토와 생거, 그리고 다른 사람들의 도움을 받아 최초의 일본 산아조절연구회 birth control counseling center

를 설립할 수 있었다.

서구 정부로부터 환영받지 못한 산아제한운동은 20세기 중반 일본에서 커다란 정치 활동을 창출했다. 일본은 그 당시 영토확장이라는 군사적 목표를 추구하는 데 깊이 빠져 있었기 때문에 출생률을 통제하려는 여성들의 생각은 국가안전을 위협하는 "위험한 사상"으로 간주되었다. 게다가 정부는 군대의 전시 대비를 위한 중요한 요소로서 출산장려정책을 육성하고 있었다. 따라서 여성들에게 가족을 위해서뿐만 아니라 국가를 위해서 남아출산이 요구되었다 Sievers, 1983.

고작 10년 전만 해도 일본에서 맬서스 Malthusian 인구론이 열렬한 환영을 받았음에도 불구하고, 이시모토의 산아제한운동이 당시의 정치환경을 감안할 때 정부의 감시를 받았다는 것은 이해할 수 있는 일이다. 이시모토는 산아제한운동으로 인하여 "위험한 사상"을 유포하였다고 간주되어 1937년 12월에 경찰에 체포되어 2주 동안 감금되었다. 감옥에서 풀려난 후에 이시모토는 그녀의 반전 정서 때문에 이웃들로부터 더욱 고립되었다. 이시모토는 그 후에 은둔생활을 했고 산아제한운동은 와해되었다. 전쟁이 끝날 때까지 그 운동은 재개되지 못했다.

이시모토와 동시대 사람인 이치카와 후사에는 1940년대 초까지 여성권리를 계속 주창했다. 이치카와의 활동은 다른 사회개혁에 앞서 여성 참정권을 요구한 최초의 페미니스트라는 점에서 키시다, 히라츠카 또는 이시모토보다 정치적이었다. 이치카와는 1924년 부인참정권연맹 Women's Suffrage League이 설립된 후에 일본사회로부터 많은 비웃음을 당했음에도 불구하고 자신의 주장을 계속했다. 하지만 이치카와는 이후 전쟁에 적극적으로 참여하라는 일본정부의 압력에 굴복했다. 이치카와는 전쟁에 적극 참여했다는 혐의 때문에 종전 후 미 점령군에 의해 공직에서 추방되었다가 후에 해제되었다. 이치카와는 자신이 공직 추방에서 구제된 이유를 캐나다 여성의 노력 때문이라고 생각했다. 바비치 Vavich에 따르면 "이치카와는 캐나다 YWCA의 카우프만 Kaufman양이 국무부에서 영향력 있는 위치에 있는 미국 여성에게 그녀의 석방을 호소하는 편지를 썼고, 그 미국 여성이 맥아더 MacArthur 장군에게 편지를 썼다고 생각했다" 1967, 427.

민족주의에 의한 여성운동의 전반적인 침체에도 불구하고 일본정부는 비록 부분적이기는 하지만 일부 여성운동의 합법성을 인정했다. 1922년에 수정된 치안유지법의 제5조항은 여성의 의회참관과 정치집회에의 참여를 허용하였다. 그럼에도 불구하고 일본의 법은 여전히 여성이 정치조직을 형성하거나 정치단체에 참여하는 것을 금하였다. 말할 필요도 없이 남성의 보통선거권을 인정하는 법안이 통과된 1925년에도 여성이 투표를 한다는 것은 상상할 수도 없는 일이었다.

4
과거로의 회기

전쟁 발발 전의 일본 여성운동과 적대적인 정치 환경에 대한 짧은 개요는, 의도하지는 않았지만 일본의 민주화 실패에 대해 일본정부의 책임을 지나치게 강조하고 있을지도 모른다. 자유주의의 싹을 죽이고 개인의 이익, 자유, 사회적 평등을 포기하도록 강요한 것이 오직 일본정부만의 책임이라고 생각하기 쉽다. 정부규제가 그러한 정치 환경에 가장 중요한 요소라는 것은 의심할 여지가 없지만 "자발적인 행동주의 voluntarism"에 대한 간단한 언급은 그 시대의 정확한 역사 해석을 위해 꼭 필요한 일이다. 대부분의 열렬한 사회개혁 지지자조차 정부가 지향하는 바에 상관없이 청·일 전쟁(1894~1895) 후에는 애국심에 고취되었다. 이는 러·일 전쟁과 만주사변(1931) 후에 더해졌고 이러한 전반적인 국가정서에 의해 일본은 패전 후 미국에 점령될 때까지 일반적인 사회개혁과, 특히 여성운동은 일본에서는 사실상 중지되었다. 모든 주요 여성모임들은 어떻게 해서든지 민족주의를 증진시키기 위해 변함없이 애썼다.

예를 들어 오쿠무라 이오코 Okumura Ioko는 애국부인회인 '아이코쿠 후진카이 Aikoku Fujinkai'를 설립했다. 초기 그 단체의 주요한 목적은 중국과의 전쟁에서 전사한 군인들의 가족들에게 조직적인 지원을 제공하는 것이었다. 이 단체의 회원은 러·일 전쟁 때 약 6만 명, 제1차 세계대전이 끝났을 때는 1백만 명이 넘었으며 1940년에는 4백만 명이 넘었다. 회원이 증가됨에 따라 그 단체의 신조는 더욱 민족주의적 경향을 띠었다. 그들의 목적은 "위기상황 시 국가의 부름에 응답할 수 있도록 주부들의 미덕과 능력을 양성"하는 것이었다 Straelen, 1940, 156.

일본의 팽창정책이 심화됨에 따라 일본인의 생활은 점점 더 규제되었고, 민간단체의 목적을 정부기관의 목적과 구별하기가 점점 어려워졌다. 예를 들어 국방부인회 Kokubo Fujinkai, 코쿠보 후진카이는 만주사변의 발발로 설립되었다. 그것의 모토는 "국가안보는 부엌에서 시작된다"와 "검소의 생활화"였다 Straelen, 1940, 156. 이 단체는 1940년에 이르러서 회원이 7백만 명을 넘어서는 커다란 단체가 되었다. 설립목적은 "우리 단체는 전국적인 징집시스템 정신에 기초하여 일본의 진정한 여성다움의 표명을 목적으로, 국가안보와 후방에서의 군사지원이라는 커다란 의무를 수행한다" Straelen, 1940, 110였다.

국방부인회는 군사적 지원을 열망하였을 뿐만 아니라 다음 세대가 국가의 요구를 잘 이행할 수 있도록 준비시켰다. 구체적 계획은 다음과 같다. "1) 국가안보를 위해 우리 아이들의 정신과 신체를 철저하게 훈련한다, 2) 군인 가족들이 근심으로부터 벗어날 수 있도록 그들에 대한 정신적, 물질적 지원을 확대한다"Straelen, 1940, 160. 이러한 상황에서 여성운동이 쇠퇴하고 파편화된 것은 놀라운 일이 아니다. 여성운동은 이러한 여러 종류의 민족주의의 흐름에 의해 완전히 잠식되었고 미점령기까지 전혀 드러나지도, 효력을 나타내지도 못했다.

심지어 가장 열렬한 페미니스트 참정권론자인 이치카와 후사에조차 1930년대와 1940년대 초 일본 민족주의의 숨막히는 지배로부터 자유롭지 못했다. 이치카와는 1942년에 정부선전기관인 애국출판협회 겐론(언론) 호코쿠카이 Genron Hokokukai의 회원이 되었고 정부의 후원으로 순회연설을 하고 이후에 회장으로 승진되었다. 이치카와는 자신의 의지와 상관없는 승진이라고 주장한다.

> 애국출판협회의 회장으로 승진한 것은 내 동의 없이 이뤄진 것이다. 그러나 나는 거절할 수 없었고 그 당시에는 누구도 정부의 결정에 반대할

수 없었다. 우리는 이제 점점 더 정부와 협력해야만 한다는 것을 알았다. 어떤 여성은 이 시기에 산 속으로 달아났지만 나는 그렇게 할 수 없었다. 겐론 호코쿠카이의 회장으로 나는 권력을 가지지는 못했지만 대중이 입수할 수 없는 정보에 접근하는 단 한 가지 이점이 있었다 Vavich, 1967, 427.

이치카와의 자서전과 몰로니 K. Molony가 쓴 이치카와의 전기에는 그녀가 일본정부를 지지한 이유에 대한 유사한 변명이 있다. 몰로니의 책에 따르면, 이치카와는 정부지원 단체에 참여하는 것을 결정함에 있어 현실적인 태도를 취했다. 이치카와는 많은 청중을 모을 수 있는 방송기관과 연계함으로써 자신의 페미니스트 이상을 좀 더 효과적으로 광고하고 추진할 수 있었다고 주장했다 Molony, 1980. 이것이 단순한 합리화인지 아닌지 또는 자발적이었는지 강제적이었는지, 이치카와가 정부를 지지하게 된 이유에 대한 명확한 근거를 입증할 수는 없다.

확실한 것은 1945년 이전의 일본여성의 정치활동은 엘리트주의자들의 논쟁 수준을 넘어설 수 없었다는 것이다. 단지 예외는 정부와 뜻을 같이하는 여성단체들이었고, 이들은 모든 수준의 여성을 껴안았다. 그러나 모든 여성지도자들이 민족주의운동에 열중한 것은 아니다. 적대적인 정치상황에도 불구하고 몇몇 페미니스트들은 히라츠카와 이시모토처럼 자신들의 주장을 포기하지 않고 좁은 감방에서 생명의 위협을 무릅썼다. 그러나 그들은 여성 대중에게 다가갈 수 없었다. 우리는 지금부터 왜 여성운동이 대중을 폭넓게 끌어들이는 데 실패했는가를 살펴볼 것이다.

5

페미니스트 운동의 한계

개혁적인 여성이 무관심한 대중의 폭넓은 지지를 확보하기에는 정치적 상황이 너무 적대적이었다. 그러나 보통 여성들이 페미니스트 운동을 지지하고 전폭적으로 지원하는 것을 방해한 다른 본질적인 요인이 있었던 것도 사실이다. 보통의 주부들이 페미니스트 운동을 지지할 수 없도록 낙담시키는 요인은 무엇인가? 무엇보다도 페미니스트 지도자들의 삶의 방식과 사고방식이 당시 대부분의 일본여성들이 받아들이기에는 너무 이질적이었다.

캐슬린 몰로니 1980에 따르면 대부분의 일본여성들은 페미니스트들을 부도덕하거나 공산주의자라고 여겼다. 전쟁 전, 정치적 성향을 가진 여성들 중 많은 수가 정치·사회 집단내의 남성들과 "불륜"관계에 있었다. 여기서 불륜이란 이미 결혼한 남성들이 신 조세이 shin josei 라고 불리는 "근대여성" 또는 "신여성"들과 관계를 맺었거나, 또는 그녀들과의 낭만적인 관계를 유지하기 위하여 부인과 이혼한 경우를 의미한다. 예를 들면 다작 시인이자 저작을 통해 여성 활동을 한 요사노 아키코 Yosano Akiko는 두 번째 부인과 결혼생활을 하고 있던 시인 요사노 데칸 Yosano Tekkan과 살기 위하여 집에서 도망쳤다 Rodd, 1991. 게다가 일부 페미니스트 지도자들은 독신여성의 삶을 선택했다. 독신생활이든, 유부남과의 관계이든 어떤 삶의 방식도 보통 여성들에게는 의심과 분노를 일으켰다.

더군다나 많은 페미니스트들은 그들의 진보적인 정치관점 때문에 사회주의자나 무정부주의자들(전쟁 전 일본에서 이 두 정치집단과 그들의 신념 사이에는 거의 차이가 없었다. 그래서 그들은 종종 공산주의자로 불리었다)과 일하거나 그렇지 않은 경우에는 좌파의 정치관점을 공유했다. 예를 들면 정치적 이슈를 논하는 유명한 여성연설가로 알려져 있던 칸노 수가 Kanno Suga는 자타가 공인한 무정부주의자였다. 칸노 수가는 대역사건 the Great Treason Incident에 연루되어 1911년 교수형 당했다. 세이토의 편집인으로 1923년 관동대지진의 혼란 중에 감옥에서 살해당한 이토 노에 Ito Noe도 무정부주의자였다. 이토 노에의 호적상의 남편인 오수기 사카이 Osugi Sakai도 역시 무정부주의자로서 같은 해에 경찰에 의해 살해당했다.

그러나 페미니스트들과 사회주의-무정부주의자들은 친밀관계와 적대관계를 반복했다. 대부분의 페미니스트들은 참정권이 여성의 지위향상에 중요하다고 간주한 반면, 일반적으로 사회주의자들은 그것을 거부했다. 사회주의자들은 참정권운동이 자신들이 거부하는 현재의 정치시스템을 받아들이는 것을 의미한다고 주장했다. 사회주의는 그들에게 일본의 정치적, 경제적, 사회적 병폐를 해결하는 유일한 수단이었다. 일부 페미니스트들은 여성문제에 대해 철저히 보수적인 남성 사회주의자들을 비판했다 Molony, 1980; Sievers, 1983; Ishimoto, 1984.

전쟁 전 여성운동이 여성 대중으로부터 고립된 것은 대부분의 여성운동 지도자들의 엘리트주의의 반영이었다. 여성운동은 극히 일부 소수의 사회엘리트들 사이에서만 퍼졌고, 하류계층 여성에 대한 지도자들의 태도는 경멸부터 억지까지 여러 가지였다. 이 엘리트주의는 카토 시즈에의 자서전에 잘 표현되어 있다. 카토 시즈에는 자서전에서 여성 광부에 대한 혐오감을 표시했고 자신보다 교양수준이 낮은 지방출신 엔지니어의 부인들과 교제해야 하는 것에 대해 분개했다. 여성참정권운동의 최초 지도자인 이치카와 후사에는 가난한 농부의 딸로 미천한 출신이었음에도 불구하고 자신의 생활방식을 농촌이나 공장에서 일하는 여성들의 생활방식과 동일시할 수 없었다. 이치카와 후사에가 여성지도자로 등장한 이래 일본의 보통여성들을 자신의 운동아래 통합하려 한 시도는 거의 보이지 않았다. 또한 그녀가 제2차 세계대전 동안 미국의 폭격을 피하기 위해 고향으로 돌아갔을 때 출신배경이 같은 여성들과 잦은 접촉을 했다는 증거도 거의 없다. 미국으로의 빈번한 여행 또한 그녀를 일본의 보통 여성들, 심지어 도시 엘리트 가문의 주부들과도 차별화시켰다.

공산주의 이데올로기를 지지하는 페미니스트들을 제외하고, 일본 페미니스트들은 대부분 10대 초반인 섬유노동자들 같은 노동계급의 여성을 여성운동 안으로 통합하려는 시도를 거의 하지 않았다. 예를 들면 이혼 여성인 야지마 카지코Yajima Kajiko가 1886년에 설립한 여성개혁회Women's Reform Society의 목적은 사회와 가족의 시스템을 개혁하는 것이었다. 사회적 병폐에 대한 관심에도 불구하고 여성개혁회는 여자노동자들을 문제집단, 또는 기껏해야 기독교로 귀의할 잠재적 개종자로 취급하는 경향이 있었다. 그러므로 노동계급 여성의 문제는 일본 여성에 의해 공유될 문제가 아니라 일본의 정치·사회시스템 내의 고유하고 총체적인 것으로 생각되었다. 따라서 노동계급 여성의 문제는 그들 자신의 계급의 문제로 국한되었다 Sievers, 1981. 심지어 노동단체들과 사회주의자들도 여성노동자들을 무시하는 경향이 있었다.

페미니스트 지도자들의 이질적 생활방식과 그들의 엘리트주의도 문제였지만 일본 페미니스트 의식의 가장 커다란 장벽은 일본정부였다. 정부는 여성의제가 정부정책으로부터 벗어나려고 할 때마다 그것을 제한하고 억압했다. 어떤 사람들은 정부가 민법을 개정하고 근대 교육을 위해 최초로 다섯 명의 일본소녀들을 미국으로 보냄으로써 여성의 지위를 증진시켰다고 주장한다. 이 관점의 문제는 정부 행위 이면의 동기를 무시한 것이다. 논의된 바와 같이, 이것은 여성에 대한 관심 때문이 아니라 일본정부개혁에 자극을 준 서구국가들에 비춰질 일본의 국가이미지 때문이었다. 이시모토에 따르면 그 소녀들은 미국 여성들의 자유주의를 배우기 위해서가 아니라 여성의 진정한 미덕을 배우기 위해 미국으로 보내졌다 Ishimoto, 1984. 이러한 일들은 서구 국가들을 모방하여 그들에게 인정받기 위한 국가의 근대화라는 단 하나의 목적을 위해서였다. 여기에는 서구 페미니스트 운동의 핵심개념인 민주화에 대한 어떠한 비전도 없었다.

이 "일괄적인 packaged" 운동은 일본의 전쟁노력이 심화되는 향후 10년 간 여성운동의 발전을 무력하게 하고 왜곡시켰다. 국가는 초기 여성의 정치적 이슈와 활동을 국가 의제에 해로운 "위험한 사상"이라는 명목 하에 효과적으로 감소시키고 결국 완전히 억압했다. 여성의 정치활동에 있어서 최초의 영역을 보여준 자유민권운동에조차 유해한 영향을 주었다. 여성운동은 남성의 정치로부터 독립된 여성 이슈를 추진하는 활동 집단이라기보다는 남성이 지배한 자유주의운동의 부분처럼 보였다. 이시모토에 의하면, "…페미니스트운동은 남성들의 자유주의운동 안에서 거의 중요하지 않은 행동으로 간주되었다" 1984, 362. 그러므로 여성문제는 다른 문제들에 의해 밀려날 수밖에 없었다. 그러나 만약 일본의 여성운동이 미국의 경우처럼 외국의 침입으로부터 안전한 국제정치환경에서 시작되었다면, 일본의 여성운동은 일반 여성의 의식을 높이고 그들로부터 지지를 받아 충분히 성장했을 것이다. 다시 말해서 후기개발도상국가인 일본은 초기개발국가들이 누린 다른 국가의 위협으로부터 격리와 안전함의 사치를 즐기지 못했다.

산업화 시기는 한 국가의 전체 민주화과정의 방향을 구체화하는데 있어서 그 국가의 경제적·정치적 힘에 영향을 준다. 이 민주화과정은 또한 여성운동의 성격에도 영향을 준다. 왜냐하면 여성운동의 핵심가치인 여성평등의 추구 또한 민주화운동의 본질이기 때문이다. 그러므로 초기산업화국가들의 여성운동 경험과, 일본처럼 19세기 후반과 20세기 초반에 개발된 후기개발도상국가의 여성운동 경험은 비교될 수 없다. 일본의 민족적 관심은 너무 거대해서 가장 열렬한 페미니스트들조차 국가안보를 뒤로 제치고 국가안보보다 2차적이었던 여성 이슈를 계속 지향할 수 없었다. 만약 특정한 역사적 시기에 국가 간 관계와 국가의 주요 관심사 같은 외생적 요소를 고려하지 않는다면, 어느 한 국가의 여성 정치의식 결핍에 대해서 문화적 결정론자의 관점을 더욱 취하게 될 것이다. 후기개발도상국가의 여성은 어떻게 정치에 참여했는가? 그것은 민주주의사상을 가진 순수한 페미니스트운동인가, 아니면 여성 이슈를 고려하지 않은 민족주의운동인가? 다음에서는 이 문제를 살펴볼 것이다.

6
한국과 다른 아시아 사회의 비교 연구

근대 한국에서 여성의 정치적 자각의 시작은 경쟁적인 열강 세력에 의해 국권 상실의 위험에 직면해 있던 19세기 후반 개화기(1896~1910) 즉, 일본에 의해 강요된 강화조약 후로 거슬러 올라간다. 강화조약 이후 한국 지식인들과 왕실은 열강들로부터 나라를 지키기 위해 근대화에 힘을 모았다. 1876년 강화조약 후 1910년에 한국이 일본에 합병되기까지를 "개화기"라고 부른다. 그 개화기 동안에 한국의 지식인과 정치인은 한국 여성교육의 필요함을 토론하기 시작했다. 여성교육의 가장 든든한 지지자는 국력을 강화하기 위한 방법으로 여성교육의 필요성을 인식한 지식엘리트였다. 당시 유력한 지식인이었던 서재필 박사는 독립신문에서 여성교육이 여성의 지위 상승뿐 아니라 다른 많은 목적을 위해서 필요하다고 설명하였다. 여성교육의 가장 중요한 이유는 아이들을 가르치고 국가의 개화를 돕기 위해 교육된 어머니가 필요하다는 것이었다(독립신문, 1899. 5. 26). 유사하게 미국의 선교사들 역시 여성교육의 목적을 "신이 주신 아동양육이라는 의무"를 이행하는 것과 "남편의 진실한 조력자"가 되는 것으로 보았다(『이화 80년사』, 93; 재인용 이효재, 1989, 36).

일본에서처럼 한국도 여성의 정치적 자각과 활동이 민족주의운동의 큰 맥락에서 시작되었고, 공적생활의 경험은 국가가 위험에 빠진

19세기 후반 근대 교육제도에 참가함으로써 시작되었다. 1876년 일본과의 조약 후에 "은자의 나라 hermit kingdom"로 알려져 있던 폐쇄적인 한국은 서구문명을 경험하게 되었다 Eckert 외, 1990.

진보적인 개인 또는 미국 선교사, 정부 등 다양한 집단에 의해 여학교가 설립되었다. 이와 때를 같이 하여 숙명여학교[3]는 왕족의 여자아이들에게 제도교육을 시키기 위해 개화기에 엄황귀비에 의해 설립되었고, 이화여학교는 미국 선교사에 의해 설립되었다.

일본과의 강화도조약(1876) 이후 한국의 지식인은 한국이 직면한 급박한 위험을 감지했다. 영토 확장을 위한 일본의 야심은 한국 국내 정치에 대한 직접적인 관여로 나타났다. "개화기(1876~1910)" 동안, 한국의 지식인과 관료들은 외세에 의한 국권상실을 막기 위해 필사적으로 한국을 근대화시키고자 했다. 이 당시 한국의 지도자들은 여성이 아이들을 교육시키기 때문에 여성교육은 나라를 구하기 위해 가장 중요하다는 공통된 의견을 가지고 있었다 Oh, 1982. 그래서 여성교육은 여성 자신의 발전이나 자립을 추구하기보다는 국가이익을 위해 강조되었다. 이것은 국가건립시기에 여성의 역할을 바라보는 일본의 시각과 놀랄만한 유사점을 보여준다. 일본의 경우 국가의 관심은 서양과 대등해지기 위해 서구국가들을 모방하는 것이었다. 한국의 경우 여성제도교육의 발전은 일본 제국주의의 위협에 직면한 국가를 강하게 해야 한다는 급박한 필요성에 의해 촉발되었다.

이러한 흐름에 고무되어 여성단체들이 형성되기 시작했다. 최초의

3) 나는 1960년대 후반에 이 고등학교를 졸업했다.

여성단체인 찬양회는 1898년 약 400~500명의 정숙한 양반부인들에 의해 설립되었다. 당시 주요 신문들은 그 단체를 지지하고 모든 계급에게 문이 열려 있다는 기사를 실었다. 그 당시 단체의 지도자들은 개혁운동의 일환으로 1899년 순성여학교를 설립했다. 30명의 입학생으로 시작한 이 학교는 한국인에 의해 세워진 최초의 여학교이다(1886년 설립된 이화여학교처럼 선교사에 의해 세워진 다른 여학교들이 있었다). 1908년에는 최초의 여성잡지인 '여자지남女子 指南'이 창간되었다. 이효재에 의하면 이 잡지는 3호까지 출판되었고 창간호만이 도서관에 남아 있다. 두 개의 다른 호의 소재는 알려져 있지 않다. 그러나 창간호에서 김운곡 1908, 25은 "남성의 활동만으로 어떻게 부유하고 강한 나라를 기대할 수 있고 교육 받은 여성 없이 개화되기를 기대할 수 있겠는가?"(재인용 이효재 1996, 42)라고 하며 성평등의 필요성을 역설했다.

민족주의적인 정서에서 일부 여성단체는 남성들의 지원과 보호에 의해 생겨났다. 이런 단체 중 하나는 조선이 일본에 진 빚을 갚기 위한 모금활동으로 유명했다. 성평등과 여성교육의 필요성을 고취하는 데 적극적이었던 신소당은 여성주의관점뿐만 아니라 민족주의적 정서를 가지고 모금활동에 적극적으로 참여하였다. 일본에 진 빚 때문에 나라가 주권을 잃을 급박한 위기를 맞았을 때, 신소당은 빚을 갚고 나라를 구하기 위해 직접 여성단체를 조직하여 전국적인 운동이었던 국채보상위원회에 참여하고 이를 활성화시키는 데 기여했다. 1907년 2월 남성에 의해 최초로 시작된 이 운동은 전국의 모든 계층의 여성으로부터 열광적인 지지를 받았다. 신소당과 많은 여성 지도자들은 여성동지들에게 협력을 요청하였고, 그에 호응해서 지역의 구분을 뛰어넘어 모든 계층의 여성들이 지원했다. 이는 도시지역의 상류계층여성으로 한정되었던 여성주의 운동과 놀랄만한 차이를 보여준다(이효재, 1996, 58-60). 여성들이 그 운동을 지원한 방법은 식사 때마다 한 컵의 쌀을 모으는 것부터 보석을 파는 것까지 다양했다.

여러 종합적 요소, 즉 제도교육에 의해 제공된 공적 삶의 기회와 일본 식민지 시기의 쓰디쓴 정치 경험은 한국 여성의 정치의식을 일깨웠고 집단행동에 참여할 수 있는 기회를 만들어 냈다. 일본의 식민지정책은 농촌지역에 너무도 가혹했다. 여러 요소들 중 특히 주목할 만한 것으로 일본정부의 이주정책과 토지등록제도의 결합은 이미 가난에 시달린 많은 농민을 완전 소작인 상태로 전락시켰다. 초기 식민시기 일본정부는 더 많은 일본인을 한국으로 이주시키기 위하여 실업자나 문제를 일으킬 만한 소지를 갖고 있는 사람들을 한국으로 이주하도록 독려했다. 이러한 이주정책은 일본정부가 일본농부들을 한국으로 재배치하도록 했을 때 적극적으로 실행되었다. 1910년부터 1928년 사이 2만 명 이상의 일본인들이 17가지의 이주 단계를 통해 일본에서 한국으로 옮겨왔다(이효재, 1996, 78). 일본인의 한국 이주는 식민시기 동안 계속되어 707,337명에 이르렀고 이는 1940년 한국 인구의 약 3%에 해당한다. 이러한 이주뿐 아니라 "타당한 소유권 reliable ownership" 등록제는 문서 없이 대대로 물려받은 땅을 소유하고 있던 한국농민들에게 커다란 타격이 되었다. 한국농민들은 자신들에게 소유권이 있다는 것을 식민정부에 증명할 수 없었을 뿐만 아니라 그들 중 많은 사람들은 새롭게 시작된 등록 제도를 알지도 못했다. 이로 인해 많은 농부들이 하루아침에 자신의 땅을 빼앗겼다 Cumings, 1981. 보통 무식하고 문맹이었던 농부들은 다른 생계수단이 없었다. 이 상황에 대처하는 두 가지의 대안이 있었다. 일부 농민들은 단지 생존을 위해 만주로 이주하거나 일본으로 불법적인 입국을 했고, 또 다른 농민들은 도시로 가서 비숙련 노동자가 되었다. 김영모(1971, 90-91; 재인용 이효재, 78)에 의하면, 1910년부터 1945년 사이 25만 세대가 새로운 지역으로 이주했고 20만 세대가 소작지를 줄이거나 직업을 바꾸었다. 김영모는 경작할 땅을 떠난 이들의 43%가 비숙련 노동자가 되었다고 기록했다.

도시로 이주한 그들의 삶은 단테 Dante의 '지옥'을 연상시킬 만큼 힘들었고, 그들이 여태 경험했던 어느 상황보다 그들을 더 힘든 처지에 빠뜨렸다. 도시로 옮겨온 많은 한국인의 삶이 어려웠지만 특히 여성들의 특수상황은 더욱 가혹했다. 다음의 토론은 그들의 어려움을 적나라하게 보여준다. 혼인 최저연령은 남성 17세, 여성 15세였다. 그러나 많은 소년과 소녀들은 법정 연령 이전에 결혼했다. 1926년 통계자료에 따르면, 결혼한 여성의 6.7%는 15세 미만, 59.7%는 15~19세, 28.2%는 20~24세였고, 단지 3.7%만이 30세 이상이었다(한국여성사, 1992, 89). 남성의 결혼연령 분포형태도 비슷했다. 가장 큰 차이점은 30세 이상이었다. 이들은 기혼 남성의 11.7%였는데, 이는 여성의 3.7%와 큰 대조를 이룬다. 30세 이상 여성의 비율이 낮은 것은 아마도 여성에게 부과된 중노동으로 여성의 대부분이 30세까지 살지 못했기 때문으로 보인다. 따라서 15세와 24세 사이의 여성의 90% 이상이 결혼했고, 여성노동력의 72%가 20세 미만이었다.

이것은 이들 젊은 여성들이 다른 가사책임뿐 아니라, "생계부양자 bread-winners"였음을 의미한다. 그들의 고통은 거기서 끝나지 않았다.

한국 여성들은 일하면서 성희롱과 성차별, 인종차별 등을 견뎌야만 했다. 여성 노동력의 높은 비율(1931년 한국에서 제조 부문 전체 노동력의 약 35%가 여성이었던 반면, 같은 시기 미국에선 13%였다)을 보면 한국 여성들이 겪은 고역은 단순한 수준의 이야기가 아니다. 그라즈단제브 A. J. Grajdanzev(『modern Korea』, 1944, 178)에 따르면 한국의 노동자는 대체로 일본인 임금의 절반도 받지 못했다. 그의 조사를 보면 일본 노동자가 1933년과 1939년에 각각 일당 1.93원과 2.32원을 받을 때 한국 남성노동자는 일당 0.92원과 1.10원을 받았다. 비슷하게 일본 여성노동자들이 일당 1.0원을 받을 때 한국 여성노동자들은 0.5원을 받았다. 이러한 불평등은 성뿐만 아니라 인종적 배경에도 기반을 둔 것이었다. 이러한 차별에 대항하기 위하여 한국여성들은 조직을 결성했지만 일본인의 억압과 지도부의 경험 부족 등의 다양한 요인으로 인하여 몇 달도 지속되지 못했다.

이러한 여성조직 중 근우회 槿友會는 잘 알려진 여성단체 중 하나였다. 한국여성의 일반적인 이슈를 알리기 위해 1926년에 설립된 근우회는 여성에 대한 공정한 처우에 초점을 맞추었다. 근우회는 발족문에서 주요 목표로 "여성의 집단이익" 증진과 친일파를 제외한 모든 한국여성이 부조리에 대항해 투쟁할 것임을 선언하였다(한국여성사, 151). 이것은 일본인과 친일파들 대부분이 한국여성과는 다른 이해관계를 가졌을 것이라는 가정을 하게 해준다. 일본인들이 문제를 야기하는 단체로 근우회를 간주한 것은 그리 놀랄 일이 아니다. 따라서 일본 당국은 이 단체의 기능과 활동을 방해했다. 예를 들어 그들은 '여성의 날'을 선정하기 위한 날짜 선택을 방해했고 단체설립일에 다른 단체로부터 축전을 받는 것조차도 방해했다(앞의 책, 155). 근우회의 목표를 보면 근우회가 한국여성이 겪는 불공평으로 인한 다양한 이슈들을 다룬다는 것을 알 수 있다. 이 목표는 한국 여성들이 단지 생물학적인 성이 아니라 한국인이라는 민족적 정체성에 기반하고 있었기 때문에 또한 강한 민족주의 정서를 나타냈다. 근우회는 자연스럽게 독립운동으로 흡수되었다. 이 단체의 전체 회원수는 알려져 있지 않지만 기록된 수는 2~6천 명으로 추산된다. 그러나 이 단체가 교육받은 여성에 중점을 두고 활동했다는 점에서 일하는 여성의 참여가 미약한 것은 그리 놀라운 일이 아니다. 당시 일하는 여성의 대부분은 교육받지 못했다. 따라서 여성을 교육하는 기관의 주요 대상은 일하는 여성이었다. 회원의 대다수는 주부였고(63.7%), 낮은 비율을 차지한 여성 노동자와 일하는 여성은 각각 6.6%와 1.7%였다(앞의 책, 161).

가장 잘 알려진 여성정치활동은 아마도 1919년 3·1운동일 것이다. 윌슨Wilson의 민족자결주의 선언에 의해 촉발되어 2백만 명 이상이 이 운동에 참가했다. 잔인한 탄압에도 불구하고 이 운동은 서울과 몇몇 대도시에서 시작하여 곧바로 전국 방방곡곡으로 퍼졌다. 이 운동의 매개자로서 여성의 역할은 중요했다. 전국에서 거의 1만 명의 여성이 3·1운동에 참가했으며 587명의 여성이 기소되어 129명이 유죄판결을 받고 수감되었다. 여성들은 이 운동에 적극적으로 참가했을 뿐 아니라 여성에게 특별히 부과된 고문을 감내했다. 일반적으로 여성은 나체로 벗겨져 심문당했다. 종종 심한 성고문이 자행되기도 하였다. 많은 여성들이 성고문 과정 중에 자궁파열과 신체 다른 기관의 손상으로 죽었다. 이 끔찍한 형벌의 고통에도 불구하고 여성들은 나라의 독립을 위해 싸웠다. 윌슨의 자결주의와 자치정부 개념은 한국인에게 더 큰 고통을 주었다. 그러나 이런 고난과 목숨을 잃는 등의 희생은 주요 권력자들에게는 하찮은 일이었다. 일본은 이러한 문제를 가볍게 여기고 한국에 대한 가혹한 통치를 좀 더 합법화 하는데 주력했다. 한 여성은 다음과 같이 증언했다.

> 나는 3월 2일 평양에서 체포되어 경찰서에 구금되었다. 그곳에는 체포되어 온 다른 여성들이 있었는데 감리교도 12명, 장로교도 2명, 그리고 천도교도 1명이었다. 경찰은 우리들의 옷을 벗기고 남성들 앞에 서게 했다…. 그들은 내 몸 곳곳을 만졌으며 온 몸을 때렸다. 온 몸이 땀으로 흠뻑 젖었다…. 어떤 여성들은 매질로 정신을 잃었다…. 그들은 여성 천도교인의 손과 다리를 묶었고 그 자세로 그녀를 장대에 매달았다…. (민경배, 『한국기독교회사』; 재인용 이효재, 159).

운동에 참가한 여성의 대부분은 교사이거나 학생이었고, 체포된 여성의 거의 절반이 이 그룹 소속이었다(한국여성사, 35). 수천 명의 한국인이 이 운동에 참가했다는 이유로 체포되고 구금되었으며 그 중 이 운동에 참가했던 7천5백 명의 한국인이 처형당하였거나 혹은 일본경찰의 고문으로 죽었다 Soh, 1987, 203. 한국의 독립 운동에서 가장 유명한 순교자인 유관순은 이화여학교의 16세 학생이었다. 당시에 선교사들이 많은 여학교를 세웠기 때문에 이 전국적인 운동에 참가한 여성들도 대부분 기독교도였다. 앞에서 이야기했듯이 최초의 여성제도교육은 대부분 미국의 선교사에 의해서 이루어졌다. 이 초기 선교사들은 억압받고 억눌린 사람들을 잠재적 귀의자로 간주하였다. 3·1운동에 참가한 여성의 대부분이 기독교 학교로부터 제도교육을 받은 특권층 여성이거나 그와 유사한 학교교육을 받은 여성이었다. 교육 전에는 하류층이었지만 교육을 받은 3·1운동 당시 그 여성들은 특권층이었다.

해방 전 여성 정치활동의 대부분은 애국주의에 중심이 맞춰져 있었다. 1919년 3·1운동은 한국여성의 정치참여에 있어 전환점이 되었다. 그 후 여성은 좀 더 직접적이고 적극적으로 독립운동을 하기 시작했다. 이 현상은 두 가지 이유로 설명된다. 잔혹한 일본의 통치에 대항한 3·1운동은 총독부로 하여금 강압적인 통치정책을 변화시키도록 하였다. 그래서 일본당국은 "문화정치 culture policy"로 알려진 정책을 시행함으로써 출판과 집회의 제한적 자유를 주었고, 또한 지금까지 금지되었던 한국어 사용을 허용했다. 일본의 "문화정치"는 개신교회가 종교적 이유뿐만 아니라 나라의 독립을 도모하는 자리로 사용되었음에도 불구하고 개신교회의 폭발적인 증가를 허용했다 Park, 1986. 개신교의 진보적인 성향 때문에 여성들은 교회조직과 활동의 적극적인 신도가 되었다.

실패한 한국의 독립운동은 평화롭고 비폭력적인 저항이 일본의 총 앞에서 무용지물이라는 것을 깨달았다. 그래서 일부 운동가들은 국내의 평화적인 저항운동에서 주로 중국과 미국 중심의 국외활동으로 전략을 바꾸었다. 또 다른 운동가들은 민족적이고 문화적인 주체성을 유지하기 위해 교육활동을 지원했으며 Park, 1986, 한국인의 정체성을 유지하기 위한 방편으로 그동안 금지되었던 한국어와 한국사 교육을 지원했다. 많은 한국여성들은 망명지에서 독립운동을 했을 뿐 아니라 문화부흥운동에도 참여했다. 해방 후 여성국회의원 대부분이 식민시기에 다양한 단체의 회원으로서 독립운동에 참가했었다. 한 예로, 해방후 지도층 여성의 대표적인 인물이었던 임영신은 이후 한국의 초대 대통령이 된 이승만의 미국망명기간 동안, 그가 한국의 독립운동가들과 편지를 주고받을 수 있도록 긴밀히 협력했다 Soh, 1987. 해방 후 여성국회의원이 된 박순천과 박현숙 역시 독립을 위해 싸웠다.

그러나 이 여성독립운동가들이 한국여성의 지위에 대한 고민을 했었다는 증거는 없다. 그들의 정치의식은 억압받는 국가의 국민으로서 자각된 것이다. 이는 남성지배에 대한 페미니스트 의식이라기보다는 그들의 정치활동을 억압하는 식민지배에 저항하려는 민족적 자각이었다. 그들의 최대 관심은 일본의 식민지배로부터 한국을 해방시키는 것이었다.

아시아의 다른 후기개발사회 여성과 식민지 경험을 가진 국가의 여성들은 유사한 정치행태를 보인다. 베트남에서는 농민폭동시기, 특히 프랑스 식민시기에 여성들이 부차적 젠더라는 전통적 역할로부터 그들 자신을 해방시켰다. 그러나 그들의 정치참여는 여성으로서의 자각과는 관계가 없었다. 여기서 볼 수 있는 것은 지주에 대한 농민 또는 식민지배자에 대한 피지배자의 투쟁이었다. 그러한 투쟁에 적극적인 참가자였던 여성들의 주요 동기는 여성해방이나 여성의 지위향상이 아니라, 착취당하는 농민계급이나 피식민국가 일원으로서의 이익 때문이었다 Eisen, 1984. 여성 이슈와 분리된 국가 또는 계급에 기반을 둔 여성의 정치활동은 여성에 대한 전통적 견해와 지위를 더 오래 유지시켰다. 베트남에 대한 알렌느 아이젠Arlene Eisen의 견해는 이러한 점을 강조한다.

> 내가 베트남을 처음 여행했을 때 순진한 이상주의자 관점에서 다음과 같은 생각을 해보았다. 만약 베트남 여성들이 총을 들고 시민군에 참가했었다면 베트남 여성들은 여성해방을 위해 의식적으로 헌신했을 것이라고. 이런 여성(또는 남성)이 여성은 열등하다고 할 때, 나는 충격을 줄이기 위해 베트남의 오래된 가부장적 유산을 상기해야만 했다 Eisen, 1984, 20.

다른 국가에서도 유사한 예가 관찰된다. 인도나 이집트에서 여성이 공적영역에 등장한 것은 식민지배로부터의 해방이라는 갈망 때문이었다. 그들의 정치참여는 다른 식민국가나 일본과 같은 다른 후기 개발도상국의 경험과 유사하다. 그들의 최대 관심사와 활동방식은 국내 여성의 이익에 기반을 둔 것이 아니라 국가의 이익에 기반을 둔 것이다.

영국의 인도 통치는 인도사회와 정치에 두 가지 결과를 가져왔다. 우선 첫째, 영국과의 접촉으로 인도가 사회문제, 특히 여성에 대한 불공정한 대우를 직시할 수 있었다 Sharma, 1981. 많은 진보적인 인사들은 그들이 악습이라고 인식한 결혼지참금제도, 영아살해, 카스트제도 등을 개혁하고자 노력하였다. 둘째, 영국의 통치가 인도 민족주의를 일깨웠다. 지식인들의 눈에 인도는 사회제도에 대한 대대적인 개혁 없이 정치적 해방을 얻기 어려웠다. 여권에 대한 가장 열렬한 옹호자인 모한다스 카람 찬드 간디 Mohandas Karam Chand Gandhi는 다음과 같이 선언했다. "우리의 많은 사회병폐가 스와라지(swaraj, 정치적 독립)를 향한 우리의 전진을 늦추고 있다는 것을 빨리 깨달을수록 소중한 목표를 향한 우리의 전진은 더욱 강력해 질 것이다" Sharma, 1981, 38.

간디는 여성에 대한 평등을 옹호하면서도 인도여성이 서양의 여성처럼 남성과 경쟁하는 것을 원하지는 않았다. 샤르마 Sharma는 "간디는 인도여성의 해방을 원했지만 서양을 따르는 것에 반대했다. 여성이 남성을 흉내내거나 남성과 경쟁하는 것을 원하지 않았다. 대신에 여성은 남성의 조력자이어야 한다"라고 언급했다 Sharma, 1981, 52. 간디는 남성과 여성의 평등에 대한 상반된 태도를 가지고 있음에도 불구하고 여성이 인도독립을 위해 중요한 역할을 할 수 있을 것이라 믿었다. 그래서 그는 인도의 정치적 해방을 위한 비폭력 운동에 여성의 참여를 독려했다. 이러한 측면에서 인도의 여성들은 한국여성들처럼 처음으로 정치적 활동을 경험하게 되었다.

7 결론

일본의 여성운동은 여성 이슈를 국가 이슈와 분리해서 논의할 수 없었던 국제적 여건 속에서 출현했다. 여성운동의 시작은 억압되거나, 주류 민족주의의 목표로 흡수되었다. 초기 강력한 근대국가건설과 후기 영토확장이라는 주류 민족주의의 목표는 일본여성의 정치적 에너지가 동원된 유일한 것이었다.

일본여성의 전반적인 지위를 개선시키기 위한 여성 개개인의 희생에도 불구하고, 당시 국제적인 상황은 진정한 페미니스트운동의 성장을 통한 여성정치활동을 방해했다. 일본이 군국주의에 몰입하자 조직적인 정부의 지원 요구가 증가하면서 여성운동은 정부의 요구에 저항할 수 없었다. 여성운동은 정부정책에 반하여 페미니스트 활동을 할 수 없었을 뿐만 아니라 조직의 많은 부분이 민족주의운동에 잠식된 것을 발견했다.

그러나 일본과 미국의 여성이 남성과 협력하여 정치활동을 시작했다는 것은 흥미로운 일이다. 미국에서는 노예폐지운동이 여성과 남성을 협력하게 했고 일본에서는 자유민권운동이 여성과 남성의 협력의 매개체 Gelb, 1989가 되었다. 이 두 국가에는 여성 불평등의 부조리를 지적하는 여성들이 존재했다. 예를 들어 미국의 독립선언문 발표 전날 아비게일 아담스 Abigail Adams가 그녀의 남편에게 보내는 편지에서 여성에 대한 불공정한 대우 때문에 걱정스럽다고 적고 있다 Flexner, 1975; Andrews, 1995. 그러나 여성이 노예폐지운동에 합세하기 전까지는 여성들의 합의된 정치활동은 드러나지 않았다. 그래서 이 양국의 여성운동은 국제정치에서 두 국가가 처해 있는 각기 다른 역사적 환경을 반영한다. 미국의 여성단체가 비록 완만하지만 수십 년 동안 정부의 의사에서 독립적으로 성장할 수 있었던 반면 일본의 여성은, 국가의 군사적 움직임에 그들의 목표가 잠식되었다.

한국, 인도 그리고 베트남의 여성들은 독립운동가로 그들의 정치활동을 시작했다. 20세기의 전환기에 국제정치환경은 후기개발도상국가의 여성이 국가의 이익과 분리된 여성의 이익을 자각하고 추구하는 것을 외면하게 했다. 오직 국가의 요구가 있을 때만 여성은 자신들의 이익을 추구할 수 있었다. 왜냐하면 이들 후기개발도상국가에서 여성의 정치적 자각과 행동주의는 열강들의 위협 때문에 국가의 이익으로부터 자율적으로 성장할 수 없었기 때문이다. 이와는 반대로 초기산업국가의 여성들은 후기개발도상국가와 식민지의 쓰디쓴 경험을 면할 수 있었다. 그래서 그들은 국가의 이익과 별다른 충돌 없이 페미니스트 의제에 헌신할 수 있었다. 결과적으로 미국여성은 1920년에 참정권을 획득한 반면, 일본여성은 1946년까지 참정권을 획득하지 못했다. 결국 일본의 여성참정권은 미점령군에 의해 주어지는 결과를 낳았다.

이 사실은(즉 일본여성 스스로가 참정권을 획득하지 못한 사실) 그들의 사회진출에 오랫동안 영향을 미쳤다. 수잔 파 Susan Pharr의 연구조사결과에 따르면 여성들이 정치활동에 있어서 마음의 편안함을 느끼는 정도는 그들이 참정권을 획득한 시기와 부합한다 Pharr, 1981. 따라서 오늘날 일본여성이 중간 수준(자원 활동)까지의 정치활동에서는 그녀들의 여성으로서의 역할에 약간의 불편감을 느끼는 반면, 선출직과 임명직 같은 높은 수준의 정치활동에 관여하는 것은 사회적으로 허용되지 않았다고 파는 주장한다. 파에 따르면 이러한 현상은 제2차 세계대전 이후 여성들이 참정권을 얻은 국가들의 특성이다. 이것은 일본의회 내에서 여성의원의 적은 수와 그들의 부족한 정치적 영향력을 설명해준다. 반면 미국의 여성은 중간 수준에서의 정치활동은 잘 허용되지만 높은 수준에서는 하찮은 역할로 제한된다고 느낀다 Pharr, 1981.

한국여성의 정치행동주의에 대해서도 비슷한 논의를 할 수 있다. 한국이 일본의 식민지배로부터 독립한 후 여성활동가들은 공직에 출마하여 실망스런 결과를 얻었다. 오직 한 명의 여성만이 제1대와 제2대 국회의원에 당선되었다. 1996년에는 지역구에서 당선된 여성의원이 한 명도 없었다. 매우 적은 수의 여성만이 국회의원이 되었으나, 이것 또한 투표에 의한 것이 아니라 정당이 지명한 전국구를 통해서이다. 더구나 정부나 공·사 영역에서 우월한 지위를 가지고 있는 여성은 공적 삶에서 그들의 주된 동기가 여성의 이익 때문이 아니라 국가 전체의 이익 때문이라고 말한다. 국가의 이익에 대한 고려 없이 여성의 이슈에 대해 말하는 것은 터부시된다. 이러한 태도는 한국에서 식민시기에 일어났던 것처럼 여성의 이익과 국가의 이익이 같은 의제의 일부분으로서 추구되었음을 암시한다.

서구민주주의의 기본적인 핵심 개념은 개인의 자유이다. 특히 제국주의와 식민시기를 겪은 후기개발도상국가의 여성은 "개인"의 자유와 "국가"의 자유를 동일시한다. 그래서 저자는 이것을 "중층 double-layered"된 자유라고 부르고자 한다. 일본의 국가복지가 1900년대에 위태로웠는지 아닌지는 의문이다. 그러나 취약성에 대한 인식과 서구를 닮고자 하는 열망은 개인의 자유를 대가로 철저한 국가주의를 정당화시켰다. 여성들은 국가주의의 흐름에 때로는 자발적으로 때로는 강압에 의해 편승했다. 한국 그리고 비슷한 상황의 다른 아시아 국가의 여성들은 그들의 운명이 국가의 운명에 묶여 있다는 것과 국가의 이익으로부터 개인의 이익을 분리하는 것이 어려운 일이라는 것을 알았다.

03

여성이 어떻게 정치에 참여하는가

:후보자의 모집과 선발

이 장에서는 젠더가 한국과 일본여성들의 정치참여에 끼친 영향에 대해 다루고자 한다. 비록 정치사의 차이는 있지만 한국과 일본 모두 민주주의 국가임을 자처한다. 또한 양국 모두 문화체계와 실제 생활, 특히 사회 노동 분업 영역에 유교도덕과 전통을 내포하고 있고, 이것은 여성정치참여에 부분적으로 반영되었다. 예를 들어 전후 오랫동안 일본에서 여성들이 차지한 중의회 의석은 3% 미만이었고 이것은 다른 산업국가보다 더 낮은 비율에 해당하며, 아시아의 다른 국가들인 싱가포르와 필리핀보다도 훨씬 낮은 수치이다. 단지 터키의 2%보다 조금 높을 뿐이다. 한국의 여성국회의원 비율도 1996년까지 총 의석의 1% 이상을 넘지 못했다.

다음에 이어지는 논의에서 한국과 일본의 저조한 여성 대표율의 원인을 선거제도, 정당과 같은 요소뿐만 아니라 전체 정치문화와 후보모집과정을 살펴봄으로써 알아보고자 한다.

1 일본의 여성

정치부패를 해결하기 위해 고안된 1994년 선거제도개혁 electoral reform은 일본의 여성중의원 수를 증가시키려 했지만 실제로 여성의원의 증가는 매우 느리고 저조했다. 개혁 후에 실행된 1996년의 첫 선거에서 여성은 총 500석 중 23석을 얻었다. 이는 1993년의 14석, 1990년의 12석보다 증가한 수치였다. 2000년 6월 선거에서 35명의 여성이 중의회에 선출되었고 이는 전체 의석의 7%에 달하는 것이었다. 선거개혁 이후, 여성의원 수의 전체적인 증가에도 불구하고 소선거구에서의 당선률은 여전히 낮았다. 예를 들어 비례대표제를 통해 여성들은 1996년 16석(200석의 8%), 2000년 선거에서는 22석(180석의 12%)을 차지했다. 그러나 소선거구제에서는 개혁 전인 1993년 선거의 당선자가 14명인 것과 비교해보면 1996년에는 7명, 2000년에는 13명의 여성(전체 300명 가운데)만이 당선되었다. 양원 중 영향력이 적은 참의회의 여성의원은 1950년대 전체 의원 의석의 4% 미만에서 2001년 15%에 이르기까지 계속적으로 증가세를 보여 왔다. 그리하여 1990년대 이후로 여성은 참의회에서 평균 14%의 의석을 계속 차지해왔다.

양원을 합쳐보면 2002년 일본여성의원은 전체 의석의 10%를 차지하였으나, 그것은 여전히 다른 민주주의 국가들, 미국(14%), 영국

(17%), 독일(30%), 네덜란드(33%), 스웨덴(43%)에 비해서는 낮은 수치에 해당한다. 일본은 선거개혁 이후에도 다른 서구국가들에 비해 여성의 의회참여가 저조했다. 이 장에서는 후보모집, 선거시스템, 여성후보에 대한 투표자들의 태도에 관한 정당의 실태를 살펴봄으로써 정치 분야에서 여성들의 성공을 지연시키는 요인들에 대해 다룬다. 〈표 3.1〉과 〈표 3.2〉는 1993년 선거개혁 전후시기의 여성의원 수

| 표 3.1 | 1990년 각 정당의 의원 수

정당	참의회	%	중의회	%	T%
자민당(LDP)	110(6)	5.5	285(0)	0	1.5
사회당(JSP)	72(15)	20.8	139(8)	5.8	10.9
공명당(CGP)	21(3)	14.3	46(1)	2.2	6
공산당(JCP)	14(6)	43	16(2)	12.5	26.7

주) 괄호 안의 숫자는 여성을 가리킨다. T%: 각 정당의 여성의원 전체 비율
출처: Kokkai Binran 국회 소책자, 1990년 4월.

| 표 3.2 | 2002년 각 정당의 국회의원 수

정당	중의회	참의회에서의 여성
자유민주당(LDP)	241(10)	(10)
일본민주당(DPJ,Minsuto)	125(6)	(7)
공명당(CGP)	31(3)	(4)
자유당(LP)	22(1)	(1)
공산당(JCP)	20(4)	(9)
사회민주당(SDP)	18(9)	(4)
신보수당(NCP)	7(1)	(1)
무소속과 기타	13(1)	(2)
합계	477(35)	(38)

주) 괄호 안의 숫자는 여성을 가리킨다.

의 변화를 보여준다.

자민당(LDP, 자유민주당)은 다른 당에 비해 여성의원 비율이 현저히 낮았다. 그러나 이 소수의 자민당 여성의원들은 매우 중요하다. 왜냐하면 자민당은 사실상 끊임없이 전후 일본 정치를 지배해왔기 때문이다. 1990년 자민당의 285명 중의원 가운데 여성의원은 단 한 명도 없었고, 참의원 110명 가운데 6명만이 여성이었다. 종합해보면 전체 자민당 의원의 1.5%만이 여성이었다.

같은 해 야당인 사회당 JSP은 여성의원의 수와 비율에서 조금 더 나은 수치를 보였다. 중의원 전체 139명 가운데 8명이 여성이었고 이는 5%에 해당하는 수치이다. 참의회에서 여성의원은 전체 72석 가운데 15석을 차지했으며 이는 약 21%를 차지하는 수치이다. 같은 해 공산당 JCP은 정당의 전반적인 능력부족으로 여성의원의 절대 수치는 낮았지만 다른 당과 비교해 볼 때 두드러지게 높은 여성의원 비율을 보여주었다. 공산당의 여성중의원은 16석 가운데 2석이었으며 이는 11%에 달하는 것이었다. 공산당의 전체 참의원 14석 가운데 40%를 여성이 차지했다. 전통적으로 불교의 일련종(니치렌, Nichiren) 종파인 창가학회(소카 가카이, Soka Gakkai) 종교집단과 관련된 공명당 CGP은 여성의원들의 수가 중의회에서 46석 중 1석, 참의회에서 21석 중 3석으로 상대적으로 낮은 수치를 보였다. 300개의 소선거구와 비례대표가 혼합되어 있는 제도에서 130개의 중선거구로 변화된 1994년 선거개혁까지 여성의원에 대한 의석 분배는 실제로 동일하게 지속되었다. 선거개혁이 여성의원들의 수를 증가시키는 데 중대한 역할을 했지만 전체 여성의원들의 비율은 여전히 선진 산업민주주의국가들에 비해 뒤지고 있다.

다음에서는 여성의원의 낮은 비율에 영향을 미친 요소 가운데 두 가지 중대한 변수인 공식적·비공식적 후보모집과정과 선거시스템이 검토될 것이다. 전자는 정당 수준에서 문화의 영향을 이해하기 위한 것이며, 후자는 구조적 요인을 탐구하기 위한 것이다. 이 두 요인은 다음에 제시되는 필자의 설문조사의 결과들과 상호관련이 있다. 여기서는 정치의 문화적이고 구조적인 측면이 명시될 것이다. 구조와 문화에 대한 연구는, 젠더가 의회에서 저조한 여성참여율의 한 요인인지 아닌지를 결정짓는 수단이다.

2
정당에 의한 후보의 모집과 선발[4)]

1993년 이래로 많은 정당이 형성되고, 사라지고, 다른 정당과 연합하면서 당명을 바꾸었다. 예를 들어 사키가케 Sakigake는 1993년에 자민당에서 파생된 당이고 곧 다른 보수집단과 연합하였다. 1990년대 중반에는 사회당과 자민당이 의회에서 다수당을 유지하기 위해

4) 이 부분의 대부분의 정보는 출판되지 않은 윤정석의 논문 "Recruitment of political leaders in postwar japan, 1958-1972" (1977, University of Michigan)에 근거하고 있다.

불행하고 일시적인 합병을 이루었다. 사회당은 1990년대 초에 공식적으로 사민당(SDP, 사회민주당)으로 개칭했다. 1996년 선거 이전에 자민당에서 탈당한 다수의 의원들로 구성된 일본민주당 DPJ은 공산당, 사민당과 함께 주요 야당이 되었다 Wakamiya, 1997. 오자와 이치로 Ozawa Ichiro가 이끌어온 자유당 LP은 1999년 1월에 자민당과 일시적으로 연합하였는데, 이는 오부치 Obuchi 정권이 중의원 500석 중 50석을 자유당에 약속했기 때문이다. 결국 480석으로 의석을 줄이기로 한 법안은 2000년 선거에서 야당의 참석 없이 통과되었다 Japan Echo, April, 2000, 21-23. 자유당은 1990년대 초 당명을 정한 이후 계속 유지하고 있다.

분열과 재연합 등을 통해 새로운 정당의 출현이 계속됨에도 불구하고, 1955년 이래로 기본 성격을 유지하는 전후 일본 정치의 핵심 정당이 네 개 있다(공명당은 1960년대 중반에 형성되었다). 그것은 자민당, 사회당, 공명당, 그리고 공산당이다. 여기서는 이 네 개의 정당들에 초점을 맞추고자 한다.

일본정치에 입문하기 위한 첫 단계는 정당에 후보로 모집되어 공천 받는 것이다. 이는 일본 정치가 유권자들이 후보자들을 선택하는 제 1단계 선거시스템 Primary Election을 가지고 있지 않기 때문이다. 그래서 정당이 후보를 모집하고 공천하는 기준이 무엇인지, 그리고 이것이 어떻게 잠재적인 여성후보에게 영향을 미치는지를 이해하는 것이 중요하다. 네 개의 주요 정당을 검토하기 전에, "모집되는 것"이라는 문구를 설명할 필요가 있다. 일본에서는 정당이 제안하기 이전에 스스로 출마를 선언하지 않는다. 예외적으로 후보가 무소속으로 출마를 결정했을 때는 당의 지원과 승인이 필요하지 않기 때문에 그럴

수는 있으나, 그런 경우 선거에서 승리할 가능성은 매우 적다. 대부분의 경우에 성공적인 후보로서 인지되기 전까지는 시간이 필요하다. 정당이 제안할 때 관례적으로 일단 거절하고 정당이 설득하도록 기다려야 한다. 정당의 공천 없이는 의회에서 의석을 얻거나 심지어 입후보하는 것조차 매우 어렵다. 그러므로 정당의 공천은 성공적인 선거운동을 위한 가장 중요한 첫 번째 단계이다.

정당의 후보 모집과정과 기준은 현직의원에게 우선권을 주는 예에서 볼 수 있듯이 대부분의 정당에서 유사하다. 예를 들어 네 개의 주요 정당 모두 특별한 이유가 없는 한 현직의원에게 우선권을 준다. 어느 정당도 한 선거구에 총 의석 수보다 많은 수의 후보를 공천하지 않는다. 자민당의 경우 형사 범죄로 고발당한 후보는 공천하지 않는다고 명확하게 규정하고 있다. 그러나 실제로 이 규정은 실행되지 않고 있으며, 전前 수상 타나카 카쿠에이 Tanaka Kakuei는 1978년에 록히드 Lockheed 스캔들로 기소된 중에도 중의회 선거에 출마했다.

"현직의원 우선"과 "기소 중에는 공천 불가"라는 일반적인 규정에 덧붙여, 자민당의 선거정책위원회 Election Policy Committee는 현縣지부 prefectural chapters의 추천을 신중히 고려해야 한다는 원칙을 가지고 있다 Curtis 1971, 22-23; Thayer 1973, 120-121. 이 규정은 자민당이 지역 수준에서 당 조직이 약점을 가지고 있다는 것을 보여준다는 점에서 흥미롭다. 사실 지역 지부 local chapter는 거의 존재하지 않는다. 대신, 후원회인 코엔카이 Koenkai가 지역에서 유사한 역할을 하고 있다.

자민당은 많은 파벌들이 당 내에서 마치 또 다른 하나의 정당처럼 자율적으로 행동한다는 점에서 독특하다. 그래서 자민당의 후보선발에 대한 논의는 자민당 내의 파벌을 고려해야 한다. 모든 파벌 지도자들이 선거정책위원회를 구성하며 그들의 권력 분배에 따라 어느 후보를 공천할 지가 일관되게 결정된다. 더 큰 세력을 가지고 있는 파벌이 더 많은 후보들을 얻게 된다. 따라서 후보모집과 선발에 있어 공식적 지침은 당이 가능한 한 많은 의석을 차지하려는 것이지만, 실제로 중요한 것은 파벌 간 권력의 명확한 분배인 것이다. 후보선발에 있어 파벌간 균형의 중요성은 자민당의 후보모집과정을 다루는 많은 학문적인 연구들이 공식적인 선거위원회의 구조와 규정을 언급하지 않는 이유 중의 하나이다. 공식적인 구조와 같이 표면에 보여지는 것(오모토, Omoto)은 실제로 행해지는 표면 아래(우라, Ura)의 내용과 비교해 볼 때 그리 중요한 것이 되지 못한다 Rihard and Flanagan, 1984.

비공식적인 표면 아래 규칙의 중요성은 후보자 리스트에서 일부를 제외하는 3단계 과정에서 찾아볼 수 있다. 일반적으로 공천이 되는 첫 번째 리스트에는 현직의원들과 당에 심각한 문제를 일으키지 않는 사람들이 포함된다. 공천되는 두 번째와 세 번째 리스트는 선거운동 이전 또는 선거운동 기간에 작성되며 이는 다양한 요인들, 특히 파벌간의 균형에 따른 분배 이후에 이루어진다. 결국 후보선발의 공식적인 기준들은 실제 후보선발시에는 의미가 없다. 비공식적인 기준은 종종 공식적인 기준보다 우위에 있거나 부분적으로 일치한다. 현직의원 우선 규칙은 파벌간의 균형과 일치하는데, 이는 어떤 파벌 지도자도 자신의 파벌로부터 현직의원들을 희생시키지 않을 것이기 때문이다(그래서 지금까지 여성 파벌지도자가 없었으며, 남성 대명사를 사용하는 것이 정당화되었다).

사회당의 후보선발 과정이 자민당의 과정과 구별되는 점은 후보모집과 재정의 두 부분을 정당 외부의 조직에 의존해 왔다는 것이다. 사회당 내에서 후보를 선발하는 공식적인 절차는 매년 정당 회의에서 채택된 선거정책의 지침과 원리, 그리고 일반적인 당의 규정을 따른다. 그 규정에 따르면 후보의 입당은 당 지부(시부, Shibu)에서 당 지부의 현縣 본부(켄혼부, Kenhonbu)로, 그리고 마지막으로는 중앙집행위원회 Central Executive Committee의 위계적 구조를 거쳐야 한다고 되어 있다.

그러나 정당조직은 자율적으로 기능을 하지 않는다. 각 단계에서 정당조직은 소효(Sohyo, 전국노동조합, 총평), 닛코소(Nikkoso, 교사조합, 일교조), 노쿄(Nokyo, 농민조합), 여성조직 등 연합 내에 있는 다양한 상대들과 의논을 해야 한다. 많은 회원을 보유한 조합은 작은 규모의 조합보다 후보선발과 후보 수에 관해 더 큰 영향을 미치는 경향이 있다. 사회당과 연합한 단체들은 단체간 협의 이후에 후보를 후원하게 된다. 이 후보들은 대부분 조합의 지도자로 남자이다. 이는 사회당 소속 연합(교사조합)의 여성회원들이 왜 의회의 의원으로 대표되지 못하는지를 보여준다.

현縣의 수준에서 내려진 결정들은 보통 중앙행정위원회에서 실행되며, 다수의 후보들이 조합의 재정적 지원을 받는다. 그러나 사회당의 정책과 조직을 구성하는 노동조합의 영향력은 1970년대 초 절정에 다다른 후 그 역할이 감소되기 시작했다. 1958년 중의원 선거에서 사회당 후보들의 약 1/3은 소효의 지지를 받았다. 1972년 중의원 선거에서, 161명의 사회당 후보 가운데 89명은 여러 조합의 지지를 받았고, 그 중 63명이 당선되었다. 그러나 1980년대부터 조합들의 영향력이 점차 감소되기 시작했다. 한 예로 1985년 사회당의 중의원 중 28%, 참의원 중 25%만이 조합과 관련이 있었다 Baerwald, 1986, 94.

사회당에서 흥미로운 점은 후보자의 외관적 명성에 대한 구체적 규정이다. 사회당은 1965년 전당대회에서 선거경험이 없는 정치신인을 모집할 때 필요한 정책을 목록화 하였다. 이 정책에 따르면 지식인, 예술가, 청년, 그리고 주부들 사이에서 널리 알려진 유명인사가 선거에 유리할 것이라 보고 있다 Soma Masao, 1967; 재인용 Youn, 94. 이 규정은 조합과 같은 조직적 지지를 받지 못했던 여성 후보들의 모집을 용이하게 했다. 후보선발에 있어 가시성과 명예의 기준들로 인해 연예산업의 경력을 가지고 있는 여성들이 의회에 진출하여 여성의원의 비율을 높이게 되었다. 연예산업 경력을 가진 여성정치인의 출현은 사회당뿐만이 아니라 다른 정당에서도 나타난 현상이다.

후보선발 규정을 체계적으로 정리하려는 이러한 노력들이 모든 모호함을 없애지는 못했다. 예를 들어, 현직의원들을 재공천하지 않을 때 적용하는 "적합하거나 구체적인 good or specific"이유는 무엇인가? 이 구체적인 이유들은 형편없는 정책수행 때문에 현직의원들이 더 이상 유능하지 않다는 것을 의미하는가? 또는 그들의 당에 대한 충성도를 의심하는 것을 의미하는가? 후보를 결정하는 데 융통성을 주는 이 규정 때문에 다양한 해석들이 도출될 수 있다.

공명당을 살펴보면 공명당은 극도의 국가주의적 ultra-nationalistic, 즉 극우파의 정서를 가진 종교집단 창가학회(소카 가카이,가치 창조 사회)와 불교 종파인 일련총(니치렌)과 매우 밀접한 관계를 맺고 있었다. 공명당의 대부분의 당원들 또한 그러한 정치 견해를 품고 있었다. 그러나

1970년대 초 소카 가카이의 구성원들이 당내 후보 경쟁률을 완화하기 위해 다른 당 출신의 후보를 위협했다는 스캔들로 공명당은 소카 가카이로부터 분리되었다. 이 사건은 공명당의 이미지를 손상시켰고, 이로 인해 공명당은 종교집단으로부터의 독립을 선포했다. 그러나 대부분의 일본인은 그들의 관계가 분리되었다고 보지 않았다. 공명당이 소카 가카이로부터 공식적으로 분리되기 전까지 모든 후보들은 종교집단 출신이었다. 이러한 전례를 볼 때 후보선발시 소카 가카이의 조직과 그것의 역할에 대한 재검토는 필수적이다.

1972년 선거까지 각 선거구에 거주하는 소카 가카이 지도자들이 의회의원 후보를 선발했다. 공천받기 위해서는 조직의 구성원으로서 조직 활동에 대한 그들의 헌신을 증명해야 했다. 소카 가카이의 기본 단위는 토론집단인 자단 카이Zadan Kai이며 10개의 단위로 구성된다. 토론집단에서 구성원들은 정당과 그들 종교의 가치시스템으로 사회화된다. 자단 카이는 지역별로 당 지부에 연결되어 있고 구성원들은 공명당이 공천한 후보들을 지지하기 위해 동원된다. 전통적으로 공명당의 당원 대부분이 소카 가카이의 구성원들처럼 주변부 출신, 예를 들어 택시 기사나 이발사들 등이었다. 다시 말하면 더 큰 조직의 일부가 되지 못하고 소외된 개인들, 공명당의 전통적인 구성원이었다. 그러나 이러한 전통적인 당원 구성의 이미지는 나중에 약간 다른 색조를 띠게 된다. 1980년대 이후, 공명당은 비록 당원이 아닐지라도 환경이나 평화와 같은 사회 이슈와 관련 있는 지식인들을 입당시켰다. 이것은 공명당이 소카 가카이와의 공식적인 결별을 통해 자신의 이미지를 종교정당의 이미지에서 인기 정당의 이미지로 변화를 시도한 직접적인 결과였다. 공명당은 종교집단에 소속되지 않은 후보들을 모집했을 뿐 아니라 긍정적인 대중적 이미지를 가진 명사名士를 후보로 모집해 인기를 모았다.[5)]

일본의 모든 정당 가운데 공산당은 가장 조직적이고 중앙집중적인 당이며 이러한 점은 후보모집과정에서도 반영된다. 공산당의 기본 단위는 세포조직 cell인데, 최소한 3명의 당원으로 구성되어 있다. 세포조직의 결합은 당의 부문을 구성한다. 이 부문들은 케이헤이 시부(Keihei shibu, 비즈니스 부문) 또는 교주 시부(Kyoju Shibu, 거주 부문)에 따라 나뉜다. 각 당의 부문들에는 15~20명의 당원들이 있다. 지역구위원회 District Committee가 각 부문의 활동들을 통제한다. 그 정당의 지령들은 현縣 위원회 Prefectural Committee를 통해 지역구위원회로 전달된다. 중앙집권화된 민주주의로 알려진 구조화된 과정을 통해 정당의 활동들은 세밀하게 감시받고 통제 받는다.

지역구위원회는 후보를 집행위원회 Executive Committee에 추천한다. 후보를 선발하는 가장 중요한 기준은 당에 대한 헌신도이며, 이것은 매년 당의 임원을 지명하는 데 영향을 준다.[6)] 이것은 당직을 가진 당원들만이 이 과정을 통해 공천받을 기회를 갖게 된다는 점을 보여준

5) 히로나카 와카코Hironaka Wakako는 1990년 공명당의 여성참의원으로, 종교단체 밖에서 후보를 모집하려는 정당의 노력에 해당하는 좋은 예이다. 히로나카 와카코는 유명한 수학자의 아내이자 잘 알려진 프리랜서 작가로서 대중적 이미지를 가지고 있기 때문에 정당의 가장 이상적인 후보였다.

6) 예를 들어 윤정석(1977)의 연구에 따르면 1963년 선거에서 118명의 후보 중에 4명을 제외한 모두가 하나 이상의 임원직을 가지고 있었다.

다. 공산당은 여성 후보를 모집하는 규정을 문서화하지는 않았지만 다른 정당에 비해 여성의원 비율이 높게 나타나는 것에서 볼 수 있듯이 다른 정당보다 여성후보들에게 개방적이었다. 게다가 당에서 지지받는 모든 후보자들은 당으로부터 재정적인 지원을 받는데, 이것은 기업으로부터 정치자금의 수혜가 적은 여성후보들에게 우호적인 조건이다.

전반적으로 일본 정당들의 후보모집과정의 공식적인 지침들은 실제 공천과정에는 반영되지 않는데, 이러한 불일치는 의회 의원들의 경력에서 가장 예리하게 관찰된다.

3 의회 의원들의 경력

정당의 공식적인 후보모집과 선발과정에는 여성에게 특별히 장애가 되는 요소가 보이지 않는다. 실제로 사회당의 경우 선거 경험이 없는 후보들을 모집하는 특별한 규정을 가지고 있으며, 정치 이방인인 여성에게도 특별히 우호적인 규정을 가지고 있다. 그러나 일본 의회에서 여성의 수는 여전히 적다. 실제 지침보다는 다른 요인들이 정치인으로서 여성의 성공을 지연시키는 역할을 해왔음에 틀림없다. 이러한 다른 요인들을 이해하기 위해서 정치에 입문하는 다양한 방법들을 논의하고자 한다.

의회에 입문하는 주요한 다섯 가지 방법이 있다. 정치에 입문하는 가장 일반적인 방법은 지역정치를 통해서이다. 전 수상인 타케시타 노보루 Takeshita Noboru는 좋은 예이다. 그는 의회에 들어오기 전에 지방의회 의원이었다. 일본 중의원의 약 1/4, 참의원의 약 1/5의 출신배경이 화려하지 못하다는 것은 일본이 진정한 민주주의 국가라는 인상을 준다. 2002년 자민당의 참의원 116명 가운데 29명이 초라한 출신배경을 가지고 있다. 그러나 이러한 상황에 대해 구체적으로 검토를 해보면 일본이 진정한 민주주의 국가라는 인상에는 다소 오해의 소지가 있음이 드러난다. 그들 가운데 많은 사람들이 중앙정치에서 성공적인 정치가가 되기 위해 지역정치에서의 경험을 쌓기보다는 다른 방법을 선택했다. 이들이 지녔던 가장 두드러지는 이점은 학벌이나 가족 관계와 같은 공통 배경을 통해 기존 정치인과 교류할 수 있는 채널을 가지고 있었다는 것이다.

두 번째로 큰 후보 집단은 이전 관료출신들로 구성되어 있었다. 이들은 관료 퇴임과 동시에 정치에 입문하는데 "아마쿠다리(Amakudari, 하늘에서 내려온 후계자)"로 불린다. 제랄드 커티스 Gerald Curtis, 1988와 키시모토 코이치 Kishimoto Koichi, 1988는 퇴임 관료들을 모집하는 패턴에서 변화를 발견했다. 1970년대 이전의 주된 관행은 단지 고위관료들만이 모집되었다는 것이었다. 1980년대에는 국장 division chief인 코쿠쵸 kyokucho에서 과장 section chief인 카쵸 kacho에 이르기까지 중하위 관료를 포함하는 패턴으로 변화하기 시작했다 Curtis, 1988; Kishimoto Koichi, 1988. 1986년 참의원과 중의원 동시선거에서 74명의 중의원 당선자와 24명의 참의원 당선자들은 관료 출신이었다(요미우리신문 1986. 7. 8. 석간). 이와 비슷하게 2002년 자민당의 참의원 중 26명(약 23%)은 관료경력을 가지고 있었다 Kokkai Binran, 2001. 이 패턴은 20년이 지나도 변하지 않았다.

또한 정당은 전문단체와 노동조합의 지도자들을 모집한다. 참의원과 중의원의 경력을 보면 이러한 경력을 가진 참의원의 비율이 중의원보다 높은 것을 발견할 수 있다. 이러한 차이는 자민당보다 다른 당에서 훨씬 더 분명하게 나타난다. 예를 들어 사회당의 총 41명의 참의원 가운데 24명, 50% 이상이 노동조합이라는 배경을 가지고 있었다. 반면 1986년에 사회당의 총 114명의 중의원 중 단 28명만이 유사한 경력을 가지고 있었다 Baerwald, 1986, 11-13. 그러나 1993년 사회당은 자민당과의 불운한 연합 이후로 많은 지지를 잃었다. 2002년 사회당에는 단 7명의 참의원만이 있었다. 정당의 세력이 상당히 줄었음에도 불구하고, 조합들과 관련된 의회의원이 당내에서 가장 높은 비율을 차지했다. 예를 들어 사회당 참의원의 29%에 달하는 의원들은 의회 입문 이전에 조합장들이었다. 이는 2002년 이런 배경을 가진 의원이 18명 중 2명이었던 것에 비해 더 높은 비율이다. 참의원에서 조합 대표들이 불균형적으로 높은 비율로 나타난 이 현상은 부분적으로는 100명의 의회의원들을 전국구로 당선시킨 선거시스템 때문인데, 유권자들은 개별적인 후보들을 위해서가 아니라 후보들이 선택한 정당에 지지표를 던지기 때문에 각 정당은 커다란 조직적인 지지를 받는 후보들을 전면에 내세우려 한다. 전국적인 수준에서 득표와 연결된 더 크고 잘 조직된 경로(예를 들어, 소효와 도메이 Domei 같은 교사조합과 노동조합)를 갖고 있는 것은 바로 야당이다.

배타적으로 당원 중에서만 후보를 모집하는 공산당을 제외하고는, 일본에서는 당원이 되어야만 후보로 모집되고 선발되는 것은 아니다. 실제로 의회의원들 중 많은 수가 후보로 모집되기 이전에 당원이었던 것은 아니었다. 일반적으로 당원이 아닌 사람을 후보로 모집하는 것은 서구민주주의에서는 거의 볼 수 없는 일본의 독특한 현상이다. 이는 종종 당원이 아니더라도 기존 정치인과의 개인적 접촉을 통해 후보자격을 얻을 수 있기 때문이다. 정치인의 비서, 특히 저명한 정치인의 비서는 그 정치인의 죽음이나 은퇴로 후보가 되는 것이 일반적이다. 게다가 이러한 후보의 당선율은 매우 높다.

정치에 입문하는 마지막 방식은 특히 흥미롭다. 자신의 정치적 매력을 발산하여 정당이 그 사람의 인지도와 지위 때문에 잠재적인 후보로 간주하여 접근하도록 하는 것이다. "정치적 매력"이 반드시 정치활동을 통해 얻어지는 인지도를 의미하지는 않는다. 그것은 단순히 매스 미디어의 가시성을 통해 얻어지는 대중성을 의미하기도 한다. 또한 적극적인 시민운동 참여, 국가로부터의 수상 경력, 또는 연예산업의 유명세를 통해 대중성을 얻을 수도 있다.

이러한 후보모집과정이 일본정치의 주요하고 독특한 측면인 "혈연정치"를 설명해주지는 못한다. 양원의 많은 의원들이 이전 세대의 정치가들이나 현직의원들과 혈연관계에 있다. 제랄드 커티스(1988)에 따르면, 1983년 선거에서 당선된 자민당 의원 중 112명은 현재 또는 이전 의원의 아들이나 손자였다. 이 수치는 전체 당선자의 43%에 해당된다. 1986년 선거에서도 자민당의 총 304명 가운데 115명의 당선자들이 이러한 배경을 가지고 있었다. 이 정치인 집단은 "2세대 second-generation"라고 불린다. 의원들은 자신의 경력에 이러한 정치적 측면을 드러내지 않으므로, 이 집단에 속하는 사람들에 대한 평가를 어렵게 한다. 예를 들어 여성 자민당의원 타나카 나키코 Tanaka Nakiko의 배경은 회사 사장으로 되어 있다. 그러나 타나카 나키코는, 충격으로 불구가 될 때까지 일본 역사에 가장 강력한 정치가 중의 하나였던 전 수상 타나카 카쿠에이 Tanaka Kakuei의 딸이다.

비슷하게 모리야마 마유미 Moriyama Mayumi의 관료로서의 경력은 그녀가 남편의 뜻밖의 죽음으로 공석이 된 자리에 출마했다는 사실을 보여주지는 못한다. 이와 유사한 예는 많다. 실제 "2세대"의 당선율은 놀랄 만하다. 예를 들어 1986년 동시선거에서 중의원 신인후보들의 평균 당선율이 13%인 것에 반해, 2세대 후보들의 당선율은 56%였다. 정치에서 혈연적 연계현상은 모스카와 다른 정치분석가들이 논의했듯이 일본에서만 나타나는 독특한 것은 아니다. 아베르바흐, 퍼트남, 그리고 록맨 Aberbach, Putnam, & Rockman, 1981은 정치인과 관료의 비교연구에서, 유럽의 경우도 아버지의 직업이 정부와 관련된 경우의 비율이 16%가 된다고 보고한다. 그래서 모스카가 지칭하는 "정치계급 political class"은 널리 퍼져 있는 현상으로 보인다. 그러나 일본에서는 그 현상이 다른 산업민주주의국가에서보다 더 두드러진다.

4
더 많은 여성이 출마하면 더 많은 여성이 당선되는가?

후보모집과정을 보건대 여성의원이 소수인 이유가 여성후보의 부족 때문이라는 결론에 쉽게 도달할 수 있다. 왜냐하면 경쟁할 기회가 승리를 위한 첫 단계라는 명확한 전제가 적절하기 때문이다. 그러나 여성후보의 증가가 반드시 여성의원의 증가를 보증하지는 않는다. 사실 여성후보자 수와 여성당선자 수 사이에는 상관관계가 거의 없다. 통시적 연구를 보면 여성후보의 성공 가능성을 예측하기가 거의 불가능할 정도로 여성후보 당선율이 남성후보 당선율과 비교해 훨씬 더 심하게 변동하는 것으로 나타난다.

여성후보의 당선율은 1947년의 52.6%에서 1992년 참의원선거의 10.5%에 이르기까지 매우 변동이 심하다. 대조적으로 남성의 당선율은 최근 선거의 몇몇 예외를 제외하고 수십 년간에 걸쳐 40%로 거의 일정하게 유지되고 있다. 예를 들어 1947년 참의원 첫 선거에서 전체 여성후보 가운데 52.6%가 의석을 차지하였다. 다음 선거에서는 단지 20.8%의 여성만이 당선되었다. 1965년 선거에서는 여성후보자 69%가 의석을 차지했다. 그러나 1986년 선거에서는 이 수치가 여성후보에게는 영향을 미치지 않았다. 당시에는 여성후보의 12%만이 의석을 차지했다. 1998년 선거에서는 27%(75명 중의 20명), 2002년 선거에서는 13%(137명 중 18명)의 참의원 여성후보가 각각 의석을 차지했다. 이것은 당선된 남성후보의 비율이 두 선거에서 모두 29%로 동일한 것과 비교된다.

다시 말해 여성후보의 당선율 변동은 여성후보자 수와 여성당선자 수 사이에 상관관계가 거의 없다는 것을 보여준다. 각 선거의 전체 여성의원 수가 이러한 주장을 뒷받침한다. 여성후보의 수와 당선율에 관계없이, 당선된 여성의 수는 1947년 이래로 거의 변화를 보이지 않았다. 1980년대 후반에 만연된 자민당의 부패가 리쿠르트 스캔들로 절정에 달하기 전에 전체 여성 참의원 수는 10명 안팎에 머물렀다. 다시 강조하건대 여성후보자 수와 여성당선자 수 사이에 특별한 관계가 없음은 많은 선거에서 증명된다. 예를 들어 1992년 참의원 선거에서 123명의 여성후보자가 경쟁했으나 단 13명만이 당선되었다. 이전 선거를 보면 여성후보자 수는 17명에서 82명, 당선자 수는 8명에서 10명으로 증가했다. 즉 17명이 선거에서 경쟁을 했건 82명이 했건 상관없이 여성당선자 수는 8~10명에 머물렀다. 요약하면 선거에서 당선된 여성의 수는 여성의 당선 성공률 또는 전체 여성후보 수에 상관없이 거의 일정하게 유지되어 왔다.

여성당선자 수와 당선율 사이에는 상관관계가 거의 없으므로 여성후보의 수가 각 정당마다 어떻게 다른지를 살펴보기로 한다. 표 3.3에서 볼 수 있듯이 1986년 중의원선거에서 자민당과 공명당은 여성후보가 없었고 사회당은 3명, 공산당은 22명, 그리고 소수당 출신의 1명을 포함한 기타 9명, 총 34명의 여성이 출마했다 Jichisho Senkyobu, 1986, 131. 이 후보들 가운데 사회당은 2석, 공산당은 4석, 그리고 기타 후보가 1석을 차지했다(앞의 책, 145). 〈표 3.3〉에서 보이듯이, 자민당은 계속 여성후보들에게 적대적인 모습을 보여 왔다. 1989년과 1990년 선거에서 자민당은 여성후보를 공천하지 않았으며, 1993년에는 단 한 명만을 공천했다. 1996년과 2000년의 두 번의 선거에서, 자민당은 10명과 11명의 여성을 지원했으며, 4석과 7석(나중에 이 숫자는 다른 여성 의원들이 자민당에 입당함으로써 10석으로 늘어났다)을 각각 얻었다. 여전히 적은 수치이지만, 이러한 변화는 여성에 대한 반감이 줄고 있음을 보여준다.

| 표 3.3 | 여성 중의원 후보

정당	1986	1993	1996	2000
자민당(LDP)	0 (0)	2 (1)	10 (4: 2S, 2PR)	11 (10: 4S, 6PR)
사회당(JSP)	3 (2)	10 (3)	8 (3: 1S, 2PR)	22 (9: 3S, 6PR)
공산당(JCP)	22 (4)	32 (2)	66 (4: 0S, 4PR)	84 (4: 0S, 4PR)
공명당(CGP)	0 (0)	2 (2)	LDP에 가입	16 (3: 0S, 2PR)
자유당(LP)	해당 없음	해당 없음	해당 없음	7 (1: 0S, 1PR)
일본민주당(DPJ)	해당 없음	해당 없음	22 (3: 0S, 3PR)	26 (6: 3S, 3PR)
기타	9 (1)	20 (4)	47 (9: 4S, 5PR)	33 (3: 3S, 0PR)
합계	34 (7)	66 (12)	153 (23)	199 (35: 13S, 22PR)

주) 괄호는 여성 의석 수를 가리킨다. PR: 비례대표 S: 소선거구

반대로 군소정당이나 소수당은 여성후보들에 대해 더 큰 열정을 보였다. 1996년 선거에서 공산당은 66명의 여성후보를 공천했다. 이 중 4명의 여성이 의석을 차지했다. 사민당(사회당)의 8명의 여성후보들 중 3명이 당선되었다 Fujin Tenbo, 1996. 11월~12월, 8~9. 2000년 선거에서 공산당은 84명, 공명당은 16명, 사민당은 22명의 여성후보를 공천하였고, 공산당에서 3명, 공명당에서 2명, 사민당에서 9명의 여성들이 당선되었다(아사히 신문 2000. 6.).

| 표 3.4 | 참의원 후보(1986)

정당	후보	여성후보의 비율(%)	당선된 여성
자민당(LDP)	83(5 : 3PR, 2L)	6	4
사회당(JSP)	58(6 : 3PR, 3L)	10	2
공산당(JCP)	71 (16 : 8PR, 8L)	22.5	3
공명당(CGP)	21 (2 : 2 PR)	9.5	1

주) 괄호는 여성을 가리킴. PR: 비례대표 L : 지역구

〈표 3.4〉에서 보듯이, 자민당은 1986년 참의원 선거에서 총 83명의 후보 중 5명(총 후보의 6%)의 여성(전국구 3명, 지역구 2명)을 출마시켰다. 사회당은 총 58명의 후보 가운데 6명(10%)의 여성(전국구 3명, 지역구 3명)을 공천했다. 공명당은 총 21명 후보들 가운데 2명(10%)의 여성후보(전국구)를 공천했고, 민주사회당은 27명에서 2명(7%)의 여성후보(전국구)를 공천했고, 공산당은 71명의 후보들 가운데 16명(23%)의 여성(전국구 8명, 지역구 8명)을 출마시켰다. 전체 여성후보의 수는 여러 소수당과 무소속들을 포함하여 82명이었으며, 당선된 여성후보 10명 중 자민당 소속이 4명(지역구 2명, 전국구 2명), 사회당 2명(지역구 1명, 전국구 1명), 공명당 1명(전국구), 그리고 공산당 소속이 3명(지역구 2명, 전국구 1명)이었다(앞의 책, 335~339). 다음 〈표 3.5〉는 2001년 참의원 선거에서 정치인으로서 여성들의 성공이 어느 정도 변화되었는지 보여준다. 자민당에 도전하는 많은 새로운 당, 특별히 일본민주당의 출범은 여성 후보들의 구성을 다소 변화시켰다. 그러나 문제의 위 네 개 주요 정당들은 거의 변화를 보이지 않았다.

| 표 3.5 | 참의원 후보들(2001)

정당	전체 후보자수	(%)	공천자 수	성공률(%)
자민당(LDP)	76 (10: 6PR, 4S)	(13)	64 (8: 5PR, 3S)	84 (80)
일본민주당(DPJ)	63 (17: 11PR, 6S)	(27)	26 (3: 1PR, 2S)	41 (27)
공명당(CGJ)	22 (7: 6PR, 1S)	(31.8)	13 (2: 1PR, 1S)	59 (28.5)
공산당(JCP)	72 (24: 10PR, 14S)	(33.3)	5 (2PR)	7 (20)
사민당(SDP)	24 (10: 3PR, 7S)	(41.6)	3 (1PR)	12.5 (10)
자유당(LP)	31 (6: 3PR, 7S)	(19.3)	6 (1)	19.3 (16.6)
신보수당(NCP)	5 (1PR)	(20)	1 (1)	20 (100)
무소속	47 (9S)	(19)	3 (0)	6 (0)
기타	156 (53: 18PR, 35S)	(33.9)	0	0
합계	496 (137)	(27.6)	121 (18)	

주) 괄호는 여성을 가리킴 PR: 전국구; S: 소선거구

〈표 3.4〉로 돌아가보자. 1986년 참의원 선거에서 공산당을 제외하고 세 개의 주요 정당들은 여성후보의 지지를 꺼리거나 거부하였고, 그 결과 여성후보는 총 입후보자의 10%를 밑돌았다. 공산당은 16명의 여성후보들을 공천했지만 이들 중 단 3명만이 의석을 차지했다. 자민당의 여성후보들이 차지한 4개의 의석과 비교해 보자. 여성후보의 수와 상관없이 네 개의 주요 정당들은 거의 동일한 수의 여성의원을 배출했다. 즉, 많은 수의 여성후보가 출마했다고 해서 반드시 많은 수가 당선되는 것은 아니다. 특히 소속 정당이 공산당처럼 인기정당이 아니라면 더욱 그러하다. 각 당의 여성당선자 수는 여성후보자 수와 비교해 여전히 적다는 점에서 2001년 선거의 전체적인 구성은 1986년 선거의 구성과 비슷하다. 민주당은 1996년 새로이 형성된 정당으로, 17명의 여성을 지원했으나 그들 가운데 단 3명만이 2001년

참의원으로 당선되었다. 전체 여성후보 수와 상관없이 당선되는 여성의 수가 "고정된fixed" 것은 무엇을 의미하는가?

이 질문에 대한 명백하고 즉각적인 대답은 자민당이 여성후보 공천에 심한 거부감을 보이는 것에서 부분적으로 찾을 수 있다. 자민당은 당선에 가장 유리한 정당으로서 정당들 가운데 여성후보의 당선율이 가장 높음에도 불구하고, 다른 정당과 비교해 여성후보를 많이 출마시키지 않았다. 그래서 전체 여성참의원 수는 적을 수밖에 없었다. 1986년 자민당 여성후보 당선율은 1986년에 사회당의 33.3%, 공명당의 50%, 공산당의 18.8%에 비하여 80%로 매우 높았다. 민주사회당과 다른 소수당 출신의 여성후보들은 당선되지 못했다. 2001년 선거에서 자민당 여성후보의 성공률은 80%로 매우 높았다. 이는 사민당의 10%, 공산당의 20%, 공명당의 28.5%와 비교해 보아도 충분히 알 수 있다. 공산당과 사민당의 경우 성별에 상관없이 당선율이 낮았기 때문에, 두 정당 소속 여성후보의 낮은 당선율은 특정 젠더와는 큰 연관이 없어 보인다. 중요한 것은 가장 크고, 가장 유력한 자민당의 여성후보 공천율이 낮다는 것이다. 지난 50년 동안 자민당이 보여준 선거의 성공은, 만약 자민당이 더 많은 여성후보들을 공천한다면, 특히 전국구로 공천하면, 더 많은 여성의 의회 진출이 가능하다는 걸 보여준다. 그렇다면 자민당이 그렇게 하지 않는 이유는 무엇인가? 이 문제를 깊이 살펴보기 전에, 여성의원들의 의회 진출 방법을 검토하고자 한다.

우선, 많은 정치가들의 중앙정치 성공배경이 된 지방의회에서의 여성참여에 대해 살펴보기로 하자. 수잔 파(1981)는 이슬람 국가를 제외하면 대의제를 가진 나라 가운데 일본이 지방의회 여성의원 비율이 가장 낮다고 지적한다. 1970년대 UN통계에 따르면 일본의 지방의회 여성의원 비율은 미국 6%, 영국 12%, 프랑스 2.4%, 노르웨이 9.5%, 소비에트 연방 42.8%와 비교해서 매우 낮은 수치인 0.9%이다(재인용 Pharr, 1981, 37). 최근에 다소 상향 변동을 보여주었지만 여전히 낮은 수치이다. 1997년 수상실 the Office of the Prime Minister에서 발간된 자료에 따르면, 여성의원은 현縣 의회의 3.4%에 해당하고, 시정촌 town assenblies의 3.1%를 차지한다. 이 수치는 일본에서 여성이 지역정치를 통해 중앙정치로 진출하는 것이 얼마나 힘든지 보여준다. 즉, 여성들은 지역정치를 통해 중앙정치로 진출하는 이 유리한 방법에 접근하기 힘들다. 이것은 특히 여성정치인에게 가장 비우호적인 보수정당인 자민당의 지역구에서 잘 나타난다.

의회에 입문하는 두 번째 방법은 관료직을 거치는 아마쿠다리, 즉 관료직에서 정년퇴직하고 다시 정계로 진출하는 길이다. 이 방법 역시 여성들이 접근하기 어렵다. 여성들은 일본 관료제에서 존경받을 만한 위치에 거의 도달하지 못한다. 설령 여성들이 중앙정부 관료시험을 통과해도, 승진 기회는 직·간접적인 방법을 통해 거의 예외 없이 남자들에게만 주어진다. 예를 들어 승진 기회가 있을 때 남성 관료들은 그들의 의사나 사전자문 없이도 승진되는 반면, 여성 관료들은 면담을 받아야만 한다Carlberg, 1976, 238. 이러한 관행에는 책임이 무겁고 도전할만한 지위를 남성이 선호하는 데 반해 여성들은 그런 자리를 꺼린다는 전제가 깔려 있다. 이와 같은 전제는 일본여성들이 공적인 분야에서 성공하는 데 커다란 장애물이 된다. 이런 불공평한 승진 기회와는 별개로 결혼에 도움이 되지 않다는 이유로 가족이나 교수들은 여성들이 정부의 고위관료시험을 치르는 것을 말린다(앞 의 책, 238~250). 실제로 관리자 수준의 공무원직 여성들의 수치가 1960년에 1.1%에서 1970년 1.0%로 감소했다(앞의 책, 240-250). 최근 대학을 졸업한 여성의 현저한 증가에도 불구하고 이 수치는 거의 일정하게 유지되고 있다. 1989년 관리직 수준의 여성 공무원은 1.4%뿐이었다〔Working Women in Japan, 부인국(Women's Bureau), 노동성(Ministry of Labor), 1989, 12〕.

조직적 지지를 통해 정치에 이르는 세 번째 방법은 앞서 제시된 두 가지 방법만큼이나 여성정치인에게 비우호적이다. 그 이유는 이데올로기적 입장과 진보적 성격에 상관없이, 대부분 조직들의 대표가 남자이기 때문이다. 일반적으로 조직은 가능성 있는 후보들을 지명하기 때문에, 조직의 대표나 임원들이 조직의 지지를 얻어 정당후보가 되는 것은 자연스러운 일이다. 이는 남성에게는 또 다른 공천 기회를 의미하지만, 여성에게 있어서는 잃어버린 공천 기회임을 의미한다.[7] 위에서 언급했듯이 전국 규모의 조직들이 지명한 후보들 대부분은

7) 이것은 몇 명의 여성과의 인터뷰에서 확인되었다. 자민당의 한 여성의원은 여성이 전국구에서 단체대표로서 후보로 모집되지 않는 이유가 대부분의 단체가 남성에 의해 운영되고 일반적으로 이 남성들이 자신의 단체에 의해 지명받기 때문이라고 진술했다.이미 자민당 의원 미치코(Ishi Michiko, 인터뷰, 1990. 7. 21), 공산당의원 타카시 유코(Takashi Yuko, 인터뷰 1990. 7. 24)와 1990년 2월 선거에서 무소속으로 중의원에 당선된 오카자키 히로미 Okazaki Hiromi도 유사한 견해를 가지고 있다. 그녀는 (1990. 8. 24에 인터뷰) 그 선거 이전 15년 동안 사회당 소속이었으나 공천을 얻는 데 실패해 무소속으로 선거활동을 하였다.

참의원이 되기 위해 전국구에 출마한다. 이로써 정당은 조직에서 기대되는 블럭표bloc vote를 근거로 의석 확보의 더 나은 기회를 확신할 수 있다. 이것이 바로 사회당의 많은 참의원들이 노동조합 활동을 경력으로 가지고 있는 이유이다.

공식적인 공천기준을 검토하면서, 우리는 주요 네 개 정당이 현직의원들에게 우선권을 주는 것에 주목했다. 이 정책이 여성들에게 미치는 효과는 자명하다. 역사적으로 일본여성이 일본남성보다 뒤늦게 정치영역에 진출했기 때문에 이 정책은 여성에게 가장 역효과를 나타낸다. 신인후보, 특히 여성들이 처음부터 그들을 효과적으로 걸러내는 "현직의원우선" 정책을 지닌 의회에서 어떻게 의석을 차지하기를 열망할 수 있는가? 그러므로 정치에서 여성배제는 명시된 정책 없이 사실상 실행되어 왔다.

중앙정치에 입문하는 "여러 방법들" 가운데 다양한 분야의 "명성"을 이용하는 것은 위의 세 가지 방법들과는 달리 남성이 정치에 입문하는 지배적인 방식은 아니다. 그러나 남성들이 사용하지 않는 이런 방식은 종종 여성정치인들이 가장 의존하는 방식이 되기도 한다. 1992년 자민당의 여성참의원 총 6명 중 3명이 이전에 운동선수거나 TV유명인사였다(당시 자민당에는 여성중의원이 한 명도 없었다). 1986년 도쿄에서 참의원으로 선출된 오노 키요코Ono Kiyoko는 유명한 체조선수이자 도쿄 올림픽위원회의 일원이었다. 참의원을 세 번 지낸 오타카 요시코Otaka Yoshiko는 야마구치 요시코Yamaguchi Yoshiko로 알려져 있던 매우 유명한 영화배우였다. 산토 아키코Santo Akiko역시 이전에 배우였다.

1992년 자민당 여성참의원 3명 중 2명은 전국구였다. 약사였던 이시 미치코 Ishi Michiko는 약사협회 Pharmacist Association에서 협회후보로 지명되었다. 시미즈 카요코 Shimizu Kayoko는 간호사협회 Nurse Association를 대표하는 전직 간호사였다. 현縣 선거구에서 유일한 참의원이며 카이후 Kaifu정권의 관방장관이었던 모리야마 마유미 Moriayma Mayumi는 커다란 조직적 지원을 받지 않는 유일한 사람이었다. 모리야마 마유미에게는 눈에 띄는 대중적 명성도 없었다. 그녀는 이전에 노동성 Ministry of Labor관료였으며, 부인국 Women's Bureau의 지도자로서 일했다. 그녀는 중의원이었던 남편이 죽은 뒤 남편의 길을 이어 받아 참의원에 도전하였고 당선되었다.

비슷한 현상이 자민당에서처럼 두드러지지는 않지만 공산당을 제외한 야당의 여성정치인들에게서 관찰된다. 예를 들어 1992년 공명당 상원의원인 히로나카 와카코 Hironaka Wakako는 일본 미디어에서 자주 보도된 수학계의 권위있는 필드 메달 Field Medal의 수상자인 하버드 대학 수학자의 아내였다. 히로나카 와카코는 여성이슈에 관하여 신문과 잡지에 기고하였고, 이를 통해 대중적 인지도를 높였다. 그녀는 유명한 남편의 아내로서의 이점을 부인하지는 않았으나, 유명한 남편을 가진 대부분의 아내들이 전문직 여성으로서 유명해질 수 있었던 것은 아니라고 역설한다. 1986년 동시선거에서 히로나카 와카코는 공명당의 비례대표 리스트 상위 자리를 약속받고 전국구후보로 출마하였고 의석을 차지하는 데 성공했다.

여성의원을 가장 많이 보유하고 있는 사회당은 다소 다른 구성을 보여준다. 대중적 인지도는 당원으로서의 활발한 활동과는 관계없이 후보모집과 선발을 위한 가장 중요한 수단 가운데 하나로 간주된다.

사회당의 여성의장이었던 도이 타카코Doi Takako는 참의원인 도모토 아키코Domoto Akiko의 수차례의 거절에도 불구하고 1989년 선거의 후보로 그녀를 영입하기 위해 많은 노력을 기울였다. 1989년 2월에 도모토는 7월 선거의 전국구후보를 요청받았으나 거절했다. 그러나 도모토는 "도이가 남성들의 소굴에서 여성의 정치참여를 증가시키기 위한 투쟁에서 직면해야 했던 어려움"을 깨달았기 때문에 몇 개월 후 결국 그 제안을 수락했다(필자와의 인터뷰, 1990, 8. 22). 도이가 선거 시작 두 달 전까지 도모토를 위해 의석을 비워두었던 이유는 무엇인가? 만일 여성 정치입문이 유일한 목적이었다면 대학교수와 같은 다른 자격있는 여성들도 있었다. 무엇이 도모토를 다른 전문직 여성들과 구별하게 해주었는가?

도모토의 경력을 살펴보면 이 의문에 실마리를 찾을 수 있다. 만약 도모토가 사회당의 비례대표 리스트에 포함되면, 더 많은 유권자들이 사회당을 지지할 것이 확실해 보였기 때문이다. 왜냐하면 그녀의 이름은 방송에 많이 노출되어 이미 대중에게 친숙했기 때문이다. 도모토는 미국 콜롬비아 방송사와 협력관계에 있었던 도쿄방송국에서 기자로 일했다. 여성 저널리스트로서 그녀의 이름은 대중적으로 알려져 있었다. 그래서 도모토는 본격적인 선거운동을 하기도 전에 적극적인 캠페인을 한 효과를 가질 수 있었다. 저널리스트 경력의 정치인은 여성들에게만 국한된 현상은 아니다. 많은 남성의회의원들도 저널리스트나 기자의 경력을 가지고 있다.

1990년에 사회당의 부총재였던 전前 여성 관료 쿠보타 마나에Kubota Manae는 정당이 여성에게 접근했던 또 다른 예이다. 그녀가 관료였다는 점과 후에 UN 총회의 임원이 되었다는 점에서, 다른 여성 의회의원들과 구별된다. 쿠보타 마나에는 존경받을 만한 경력을 가지고 있었을 뿐 아니라, 대중에게 알려져 있다는 점에서 가장 바람직한 후보였다. 왜냐하면 많은 일본여성들이 그렇게 높은 관료 경력을 가지지 못하기 때문이다.

| 표 3.6 | 여성의원들의 경력 (단위: 명)

경력	Pop	MM	Party	Act	Gov	Prof	HW	Other	합계
1990	3	6	15	7	3	10	1	0	45
2002	8	6	4	4	8	31	1	7	69

Pop : 연예산업 경력. TV 탤런트, 영화배우, 스포츠 선수 등이 이에 해당된다.
MM : 매스미디어. 기자, 저널리스트, 작가와 아나운서를 포함한다.
Party : 당원들. 어떤 조합 구성원들은 그들의 경력 중복 때문에 여기에 또 포함된다.
ACT : 활동가. 조직활동에 참여한 사람들을 포함하며, 환경운동과 주부 조직단체이다.
Gov : 중앙 혹은 지방정부 관련 직업.
Prof : 전문직. 변호사, 간호사, 박사, 약사 등을 포함한다.
HW : 주부들
Other : 기타. 학생들과 비전문 노동가들이나 의원의 참모도 이에 해당된다.

5

선거시스템, 정치문화 그리고 여성후보들

지금까지 우리는 선거시스템의 영향과 여성후보 모집과정에 대해 논의했다. 이 분석에서는 여성후보 모집에서 선거시스템이 다른 요인들보다 더 중요하다고 논의한 구조주의 비평을 채택한다. 예를 들어, 피파 노리스 Pippa Norris, 1987는 다인선거구 비례대표제를 가진 국가들은 더 많은 여성정치가를 배출하는 경향이 있다고 논의한다. 클락, 다시, 웰치 Clark, Darcy, & Welch, 1994 또한 비슷한 논의를 한다. 나의 연구 방법은 구조적 접근에 중심을 두면서 일본정치의 문화적 측면을 포함하는 것이다. 다음 장에 토론될 의회의원들의 경력, 파벌적 요소, 세 가지 방 ban의 역할 등의 연구는 그런 노력들의 예이다.

후보자를 모집하고 선발하는 것은 선거시스템의 산물일 뿐만 아니라, 일본문화의 기능이기도 하다. 1994년 선거개혁(1993년에 의회에서 통과되었으나 1994년 이후 시행)까지, 총 중의원 의석수는 512석이었고, 3~5명의 중의원들로 구성된 130개의 선거구가 있었다(1석을 가진 선거구가 하나, 6석을 가진 선거구가 하나 있었다)[8). 선거구에서 복수 인원을 선출하는 이 시스템은 같은 당의 후보들 간에도 경쟁을 일으켰다. 자민당은 다양한 파벌들로 이루어진 당이고 각 파벌들의 지도자는 자신의 파벌에서 후보를 내세우고 싶어 하기 때문에, 같은 당의 후보 경쟁은 자민당에서 특히 더했다. 그 결과 다른 당들은 한 선거구에 한 명의 후보만을 공천하는 데 반해, 자민당은 3~4명의 후보들을 동일 선거구에 공천하였다. 이론적으로는 각 파벌의 지도자는 협의과정을 통해 그가 중심이 될 만한 선거구에만 후보를 내세우는 것에 동의할 것이다. 그러나 실제로는 협의가 좀처럼 이루어지지 않

8) 이것은 1994년 이전 시스템이다. 42개의 지역구에서 3명, 43개 지역구에서 5명, 39개 지역구에서 4명, 아나미섬에서는 1명, 홋카이도에서는 6명을 중의회에 보냈다 Kokkai Binran, 1990.

는다.

다시 말해 자민당은 모든 선거구에 한 명 이상의 후보를 공천하였기 때문에 당내 경쟁은 야당들보다 더 극심하였다. 때때로 안정된 다수의 의석을 획득하기 위해 자민당은 4명까지도 공천하였다. 결과는 자민당 후보들 간의 경쟁이었다. 레브너 Hrebenar, 1986가 선거시스템이 자민당의 파벌연합의 중심이었다고 논의한 것은 타당성 있는 주장이다. 다수대표의 중선거구제(with non-transferable single vote, 단기 비이양식 선거제도)는 당의 취약 지역에서조차 최소 한 의석 이상을 보유할 수 있게 하기 때문에 여당인 자민당의 지배 범위는 더욱 넓어졌다. 이 시스템은 자민당이 실질적으로 모든 선거구에서 의석을 차지할 수 있도록 했다. 그래서 주요 파벌들은 모든 선거구에서 가능한 한 많은 후보들을 공천하려고 했고, 이는 파벌들의 연합과 당원간의 경쟁을 심화시켰다.

이 심각한 당내 경쟁에서 가장 중요한 인물은 후보 자신이나 당의 지도자가 아니라 파벌의 지도자들이었다. 자민당의 모든 파벌지도자들은 자신의 파벌 세력을 유지하기 위해 가장 유력한 후보를 공천하려고 노력한다. 이때 여성들은 보다 취약한 후보로 인식되어 파벌간 경쟁에서 제외된다. 자민당의 한 당원은 여성은 참의원 임기가 6년이어서 선거운동을 자주 할 필요가 없고, 따라서 가정생활에도 큰 지장이 없기 때문에 여성은 참의원으로 활동하는 것이 나을 거라고 말한다. 이와는 반대로 중의원에게는 요구되는 것이 너무 많기 때문에 여성이 중의원으로 활동하는 것은 좋지 않다고 주장한다. 그의 요점은 의석을 획득한 지 1년 내에 또 다른 선거운동을 해야 하는 중의회의 불안정성을 강조하는 것이다. 중의원의 평균 임기는 약 2년이며, 내각이 해체될 때마다 후보들은 가족에게 커다란 혼란을 일으키며 또 다시 선거운동을 해야 한다. 그러나 "가족에게 지나치게 혼란을 주는 것"에 대한 논쟁은 여성후보에게만 적용된다. 달리 말하면 그의 의견은 남성은 가족으로부터 떨어져 있어도 되지만, 여성의 최우선의 의무는 가족에게 있으며 이는 심지어 여성의원일지라도 마찬가지라는 것이다.

소수당들은 각 선거구에 한 명의 후보 이상은 공천하지 않으며 당내 경쟁도 피했다. 그들은 당선 가능성이 희박한 선거구의 경우에 후보를 출마시키지 않기도 했다. 공산당의 경우는 예외로 선거구 크기에 상관없이 모든 선거구에 최소 한 명의 후보를 공천하였다. 야당의 후보들은 종종 자민당 후보들과 경쟁하기보다는 다른 야당의 후보들과 경쟁했다. 왜냐하면 자민당은 거의 대부분의 선거구에서 1~3개의 의석을 차지하기 때문에 야당은 나머지 의석을 가지고 서로 경쟁해야 했다. 이것은 야당이 연합하여 단일후보로 선거를 하면 자민당을 이길 가능성이 높다는 것을 보여준다. 1989년 참의회 선거에서 자민당의 참패는 좋은 예였다. 이 선거에서 자민당은 야당이 연합해서 단일 후보를 낸 모든 선거구에서 패했다 Lesbirel, 1990.

1994년 선거개혁의 영향을 받지 않은 참의회 선거구는 중의회 선거구와는 다소 다르게 구성된다. 참의원의 선거구는 현縣과 전국구로 나뉜다. 총 252석 가운데 100석은 전국구에서, 나머지 152석은 현縣 지역구에서 선출된다. 47개의 현縣은 각각의 크기에 따라 1~4석까지를 가진다. 전국구와 현縣 지역구(각각 50석과 76석) 의석 가운데 절반은 3년마다 선거가 실시된다. 전국구의 경우 유권자들은 후보가 아니라 자신의 선호 정당을 지지한다. 그리고 각 정당은 유권자들에게 후보선택에 대한 정당의 견해를 보여주기 위해 후보들 순위를 정해 리스트를 작성한다. 만일 정당이 특정 후보를 절대적으로 당선시키고자 한다면, 남성이든 여성이든 그 후보의 이름은 리스트의 상단에 놓여질 것이다.

후보의 가시성은 전국구에서 가장 중요한 기준이다. 전국적으로 알려져 있지 않더라도 후보들에 대한 구체적 정보를 알 수 있는 현縣의 후보와는 달리, 전국구 후보는 전국적으로 잘 알려져 있거나 큰 단체에 친숙한 이름이어야 한다. 왜냐하면 일본유권자들은 이름의 친밀도를 바탕으로 투표하는 경향이 있기 때문이다(더 친숙한 이름을 투표하는 유권자들의 경향은 널리 인용되고 있다. 내가 인터뷰한 사람 가운데, 사별한 남편의 지역구에서 출마한 모리야마 마유미는 다른 후보들보다 잘 알려져 있다는 장점을 가지고 있었다고 시인했다. 그녀의 남편은 유명한 정치가였기 때문이다). 유명한 TV 인사들과 스포츠 선수들이 참의회 의원인 것은 우연이 아니다. 일부 사례에서 보듯이 전국구는 여성후보(가시성을 가진 여성의원의 출현이 명백해지면서)에게 우호적이기도 하지만, 대부분의 조직 구조에서 여성보다 남성을 선호하는 일본문화의 경향 때문에 여성에게 부정적인 영향을 미치기도 한다. 이와 관련한 예들은 거대 단체의 남성 지도자에 대한 이전 논의에서 충분히 다루었다.

후보모집과 선발에 대한 다층적인 일본 선거시스템의 영향이 평가절하 되어서는 안 된다. 그러나 선거시스템의 변화가 후보선발 과정에 관행의 변화를 가져올 거라고 믿는 구조적 영향을 오해하면 안 된다. 후보선발은 문화와 제도간의 미묘한 상호작용의 산물이고, 이 두 가지는 서로를 강화한다. 자신의 지위를 물려주기 위해 아버지가 딸보다 사위를 선호하는 것은 그 구조 자체와는 거의 상관이 없다. 그리고 문화와 제도간의 단단한 결합은 자민당이 후보자 리스트를 작성하는 방식에 매우 잘 반영되어 있다. 자민당의 후보자 리스트 작성 과정은 이미 논의되었으므로 부연설명을 하지는 않겠다. 리스트의 존재는 특별히 위에서 언급한 선거시스템의 관점에서 보면 제도적 요소들로 보인다. 그러나 파벌들이 활동하는 방식은 제도적이라기보다는 문화적이다. 예를 들어 파벌에 참여하기 위해서는 같은 대학을 졸업하는 등의 유사한 개인적 배경을 공유해야 한다. 정치관점과 정치이슈는 개인적 배경에 종속된다. 그리고 정치가와 유권자간의 관계, 파벌지도자들과 그들의 추종자들간의 후견인-피후견인 관계 patron-client relationship는 제도적 현상이 아니라 문화적인 현상이다.

파벌의 작용뿐 아니라 선거시스템과 자민당의 파벌요소의 상호작용은 여성의 정치입문에 부정적인 영향을 미친다. 자민당에서 성공적인 여성정치인이 되는 데 선거시스템이 어느 정도 역효과를 가지고 있는지 설명하기는 어렵다. 그러나 1994년의 선거개혁을 통해 여성의원 수는 증가했다. 새로운 시스템으로 중의원의 총 의석수는 500석으로 감소했으며, 후에는 480석이 되었다. 그리고 선거구는 300개의 소선거구와 180개의 전국구(1996년 이전 200개)로 나뉘었다. 구체적으로 여성의원의 수가 증가한 것은 바로 여성전국구의원이 추가되었기 때문이다. 개혁 후 1996년에 선출된 23명의 여성 중의원 가운데 7명이 전국구에서 선출되었다. 여성의원의 비율은 계속해서 증가했다. 2000년 선거에서 총 35명의 여성의원이 선출되었는데, 그 중 22명이 전국구에서 선출되었다. 다른 민주주의 국가들의 여성후보에게 우호적인 비례대표제가 일본에서도 그대로 적용되었다. 새로운 시스템 하에서 자민당은 1996년 4명의 여성의원(지역구 2명, 전국구 2명), 2002년 10명의 여성의원(지역구 4명, 전국구 6명)으로 단 한 명의 여성의원도 없던 1992년에 비해 괄목할만한 도약을 보여주었다. 비율로 보면, 자민당 여성의원의 비율은 당 총 의석 중 1996년 1.8%와 2002년 4.1%였다. 숫자상의 유의한 도약에도 불구하고, 어느 누구도 총 의석 가운데 1.8%, 4.1%의 비율을 커다란 성취라고 할 수는 없다. 선거시스템의 변화에도 불구하고 자민당의 지속적인 여성의 낮은 대표성은 자민당이 여성에 대해 우호적이지 않다는 것을 의미한다. 앞에서도 언급했듯이 자민당은 논의된 다른 당들보다 여성후보의 비율이 지속적으로 낮았다.

의심할 바 없이 자민당에서는 파벌이 지속되고 있고, 파벌의 지도자들은 자신의 추종자들을 자민당 후보로 만들기 위해 계속해서 경쟁하고 있다. 여성들은 심지어 1993년 젊은 자민당 의원들이 당에서 탈퇴하여 자신들의 당을 형성한 뒤에도 쉽게 파벌 내로 영입되지 못했다. 그러나 파벌 내의 경쟁 외에도 논의해야 할 다른 요소들이 있다.

여성정치가에 대한 유권자들의 거부는 또다른 요인 중 하나다. 1995년 필자가 실시한 설문에서 여성응답자의 72%(67/93) 이상과 남성응답자의 77%(46/60)가 여성후보에게는 절대로 투표하지 않는다고 답변했다. 같은 설문에서 응답자들은 여성의 취업에 대한 모순된 의견을 보였다. 93명의 여성응답자 가운데 단 2명(대략 2%)만이 여성이 기업간부가 되는 것을 반대하는 것으로 조사되었다. 흥미롭게도 같은 표집집단(8.6%)에서 8명의 여성이 여성취업을 찬성하지 않았다. 비슷한 현상이 남성응답자에게서도 관찰되었다. 60명 중 단지 6명(10%)만이 여성기업간부에 반대한 반면, 그들 가운데 13명(거의 27%)이 여성 취업에 반대했다. 의문스러운 점은 어떻게 이 응답자들은 여성들이 취업도 할 수 없는 상황에서 기업간부가 될 수 있다고 생각하느냐 하는 점이다.

일반적으로 여성후보에 대한 파벌과 유권자의 거부뿐 아니라 자유주의단체들을 포함한 다양한 단체의 여성후보 반대경향은 참의회의 전국구 의원들을 살펴보면 자명하다. 앞에서 언급했듯이 많은 수의 전국구의원들이 의회 입문 전에 거대 단체의 지도자였다. 이는 다양한 조합들과 밀접한 연합을 가지고 있는 사회당에서 특히 그러하다. 보통 이 단체들은 가능성 있는 후보자를 지명하는데, 그들 대부분은 단체의 지도자이다. 그리고 일본 대다수 단체들의 지도자는 남성이다. 그래서 결국 각 단체들은 참의회 후보로 남성을 지명하게 된다. 중의회의 경우도 문화(남성이 단체의 지도자라는 것)와 구조(단체의 지지를 선호하는 전국구)의 상호작용은 여성이 중의원으로 선출되는 기회에 부정적인 영향을 미친다. 정당들이 후보를 단체에서 모집하는 것은 사실은 선거시스템의 반영이다.

그러나 의문스러운 점은 구성원의 대다수가 남성인 노동조합 이외의 다양한 다른 분야의 대표들까지 왜 남성이냐는 것이다. 그것은 구조적인 문제인가, 혹은 뿌리 깊은 문화적인 영향인가? 달리 말하면 문화적 요소들은 제도적 시스템을 강화시킬 뿐 아니라, 제도 작용의 모든 측면으로 파급된다. 흥미로운 점은 남성응답자들 중 가장 큰 수치인 40%(24/60)가 여성의원들이 의회 내에서 소수인 주요 원인으로 자격 있는 여성들의 부족을 지적했고, 그 다음 높은 수치인 37%(22/60)는 여성후보 모집에 대한 정당의 비우호적인 태도가 원인이라고 지적했다는 것이다. 같은 질문에서 여성응답자 중 44%(41/93)가 가장 중요한 원인으로 정당의 비우호적 태도를 지적했고, 33%(31/93)가 다음 원인으로 자격 있는 여성의 부족을 지적했다. 여성정치인에 대한 반감에도 불구하고, 남녀유권자 모두 여성의 낮은 대표성의 중요한 원인으로서 정당의 반감을 인식하고 있다는 것은 명백하다.

6
한국정치 속의 여성

해방 이후, 한국은 제2공화국(1960~1961)과 군정(1961~1963) 기간을 제외하고 단원제 의회제도가 가미된 대통령제를 유지해왔다. 입법구조와 상관없이 한국여성들의 국회진출은 어려웠다. 여성후보를 선호하는 시스템으로 알려진 양원제 의회제도(bicameral legislative, 제2공화국 시기) 하에서도 한국여성의 국회진출은 매우 어려웠다. 당시 8명의 후보 중 한 명의 여성만이 의석을 획득했다. 이는 적어도 한국에서는 입법부 구조가 독립변수가 될 수 없다는 것을 보여준다. 이런 이유로 여기서는 단원제 또는 양원제와 같은 의회의 구조적 차이점은 논의되지 않을 것이다.

그러나 선거시스템은 중요하게 살펴보아야 한다. 제5대 국회 말, 즉 1961년 군사 쿠데타 전까지 국회의원들은 국민들에 의해 직접 선출되었다. 1963년 제6대 국회를 시작으로 국회의원은 지역구(국민에 의해 직접 선출)와 비례대표제(정당에 의해 지목된 후보자 리스트에 의한 전국구)가 포함된 제도를 통해서 선출되었다. 이는 뒤에서 좀 더 자세히 논의될 것이다. 제1대부터 제14대 국회까지(1948. 5~1996. 5), 국민이 선거를 통해 선출한 8명을 포함한 42명의 여성국회의원들이 있었다. 이 숫자는 1994년 남편의 지역구에서 보궐선거를 통해 선출된 한 명의 여성도 포함한 것이다. 나머지 34명의 여성들은 정당에 의해 지명된, 즉 전국구로 국회에 들어갔다. 20년의 군사정권 이후 1987년부터 1992년 사이에 실시된, 부정행위가 없는 두 번의 민주선거에서(적어도 표면상으로는 특별한 부정행위가 보이지 않았다) 단 한 명의 여성도 국민의 직접투표에 의해 의석을 획득하지 못했다. 요약하면 여성이 지역구에서 성공적으로 경쟁하기에는 한국의 정치풍토가 여성에게 너무나 적대적이었다.

이 논의를 보면, 한국국회의 전체 여성의원 비율은 일본만큼 낮다. 좀 더 구체적으로 설명하자면, 1948년부터 1960년 사이(제1, 2공화국), 즉 전국구가 실행되기 이전에 입법부의 여성의원 비율은 총 인원의 1% 미만이었다. 제3공화국의 시작과 함께 입법부는 비례대표와 지역구를 혼합하였다. 이 제도가 처음 실시된 1963년 선거에서 3명의 여성이 전국구 리스트에 등록되었고, 그 중 한 명만이 의석을 획득했다. 지역구에서도 4명의 여성후보 중 한 명만이 선출되었다. 1948년부터 1996년까지(제1대 국회부터 제14대 국회까지), 1994년의 보궐선거로 선출된 한 명을 포함, 단지 8명의 여성만이 지역구에서 선출되었다. 1996년 제15대 국회를 위한 선거에서 두 명의 여성이 의석을 획득, 제1대 국회부터 제14대 국회까지 전체 여성국회의원 수는 10명이 되었다. 이 10명의 국회의원 중 임영신은 두 번(보궐선거, 총선거) 선출되었다. 박순천은 네 번의 임기를 가졌고 4명의 다른 의원들도 두 번 선출되었다. 나머지 4명의 여성들은 한 번만 선출되었다. 1948년에 시작된 한국국회역사에서 오직 10명의 여성만이 국민에 의해 직접 선출되었다. 그러나 1994년 보궐선거에서 당선된 현경자는 여성후보자로서의 진실된 승리라고 보기 어렵다. 그녀는 전직의원이었던 남편의 투옥이 법적인 문제가 아닌 정치적인 문제라는 정서에 힘입어 성공한데다, 남편이 출옥하자 다음 선거에서 경쟁을 포기했다. 이런 이유로 이후의 논의는 특별한 언급이 없는 한 10명이 아니라 9명의 여성만을 대상으로 한다.

이 9명의 여성 중 4명만이 정당에서 공천을 받아 선거활동을 하였다. 1954, 1958년의 김철안, 1958년의 박현숙, 1981, 1985년의 김정례, 1996년의 추미애가 그들이다. 역사적으로 여당이 더 많은 수의 국회의원을 유지할 수 있었다는 사실에서 보면, 대부분의 여성국회의원들이 야당에서 공천을 받거나 무소속 출신이라는 것은 흥미롭다.

| 표 3.7 | 한국의 여성국회의원(1948-1996)

여성국회의원	국회 개회도
김옥선	1967, 1973
김윤덕	1973, 1979
김정례	1954, 1958
김철안	1949(보궐선거), 1950
박순천	1950, 1958, 1960, 1963
박현숙	1958
임영신	1981, 1985
임진출	1996
추미애	1996
현경자	1994

주) 이름은 가나다순. 출처: 국회의원 여성후보에 관한 연구, 한국여성개발원, 1996.

일정 순서에 의한 후보자 리스트를 만드는 비례대표제의 도입으로 1981년 이후 좀 더 많은 여성들이 국회로 진출하였다. 한국에서 이 비례대표제는 종종 지역구 리스트에 대응해 전국구 후보자 리스트로 불린다. 나는 한국에서 사용하는 명칭인 전국구 리스트를 사용할 것이다. 이는 종종 지명, 비례대표 리스트라는 명칭과 바꾸어 사용되기도 한다. 이런 전국구 리스트에 후보로 이름을 올려놓는 것이 당선을 의미하지는 않는다. 전국구후보의 성공과 실패는 정당이 차지한 총의석과 정당 리스트 내의 순서에 달려 있다. 다수의 여성국회의원들이 전국구에 의해 당선되었다. 〈표 3.8〉에 의하면 지역구에서 당선된 여성국회의원이 1% 미만인 것에 비해 전국구를 통해 당선된 여성국회의원들의 수치는 6.5~14%이다. 한국의 선출직에서 여성의 낮은 대표성은 어떻게 설명될 수 있나? 이 질문에 답하기 위해서는 일반

| 표 3.8 | 여성국회의원과 한국국회 연대기

* 1948–2004 년도
단위 : 명

			입후보자수		당선자수	
			계	여자	계	여자
국회의원	1대(1948)		948	21	200	1
	2대(1950)		2209	11	210	2
	3대(1954)		1207	10	203	1
	4대(1958)		841	6	333	3
	5대(1960)		1518	8	233	1
	6대(1963)		976	7	175	2
	7대(1967)	지역구	702	4	131	1
		전국구	119	4	44	2
	8대(1971)	지역구	577	2	153	0
		전국구	121	7	51	5
	9대(1973)	지역구	339	2	146	2
		전국구	73	10	73	9
	10대(1978)	지역구	473	5	154	1
		전국구	–	7	77	8
	11대(1981)	지역구	635	10	183	1
		전국구	228	15	85	7
	12대(1985)	지역구	440	7	184	2
		전국구	171	9	92	6
	13대(1988)	지역구	1046	14	224	0
		전국구	–	13	–	6
	14대(1992)	지역구	1052	19	237	0
		전국구	154	16	62	3
	15대(1996)	지역구	1389	20	253	2
		전국구	161	21	46	7
	16대(2000)	지역구	1038	33	227	5
		전국구	140	36	46	11
	17대(2004)	지역구	1175	66	243	10
		전국구	136	70	56	29
지방의회	1991 시·도 의회의원		2885	63	858	8
	1991 구·시·군 의회의원		10159	123	4303	40
	1995 시·도 의회의원		2644	119	972	55
	1995 구·시·군 의회의원		11970	206	4541	71
	1998 시·도 의회의원		1480	91	690	41
	1998 구·시·군 의회의원		7754	140	3489	56
	2002 시·도 의회의원		1531	48	609	14
	2002 구·시·군 의회의원		8373	222	3485	77

자료 : 중앙선거관리위원회, 「국회의원선거총람」, 「시·도의회의원선거총람」, 「시 · 군 · 구의회의원선거총람」.
Source : National Election Commission.

적으로 한국사회와 역사에 대한 이해뿐만 아니라 한국선거시스템의 체계적인 분석과 노동의 사회적 분화에 대한 태도 또한 설명되어야 한다. 그러나 포괄적인 접근의 적절성에도 불구하고 나는 그 변화를 설명하기 위해 지정된 요인들과 일정 시기 동안의 여성의원 수를 연구하는 데 있어 실행가능성을 이유로 분석 범위를 제한한다.

〈표 3.8〉에 의하면 조사기간 내내 여성국회의원의 비율이 매우 낮았지만, 여성의원 수치에는 어느 정도 변동이 있음이 보인다. 특히 1971년 제8대 국회 이후 두드러진 상승세는 주목할 만하다. 1, 2명 정도로 결코 3명을 넘지 못했던 극도로 낮은 여성국회의원 수가 제8대 국회에서 다섯 명으로 급격한 증가를 보였다. 그 이후 여성 국회의원 수는 평균 8명이 될 때까지 꾸준히 증가하였다. 1981년부터 1985년까지 제11대 국회에서는 9명(지역구 1, 전국구 8), 제12대 국회에서는 8명(지역구 2, 전국구 6), 제13대 국회에서는 6명(전국구 6), 제14대 국회에서는 8명(지역구 1, 전국구 7), 제15대 국회에서는 9명(지역구 2, 전국구 7)이 여성국회의원으로 당선되었다. 여성의원의 놀랄 만한 증가는 2000년 김대중 정부의 첫 번째 총선거에서 관찰되었다. 이 선거에서 전체 국회의원 273명의 6%에 해당하는 16명의 여성이 당선되었다. 그러나 여성국회의원들은 2000년 선거(지역구 5명, 전국구 11명)를 포함해서 대부분 전국구를 통해 당선되었다. 이것은 매우 흥미로운 현상이다.

박경애(1999)의 한국여성국회의원 연구에 따르면, 정당은 여성의 국회진출에 대해 국민보다 의지가 적다. 그러나 나의 발견은 그와 반대다. 전국구보다 지역구 여성의원 수가 적을 뿐 아니라 지역구 당선율도 평균 0.7%로 극단적으로 낮다. 그래서 정당이 여성을 공천하려는 더 큰 의지나 또는 보다 많은 여성후보의 등장이 더 많은 여성국회의원을 등장시킬 것이라고 주장하기는 어렵다. 한국에서 여성이 정당지도자가 선택하는 전국구에서 경쟁하는 것보다 유권자가 직접 선출하는 지역구에서 경쟁하는 것이 더욱 어렵다는 지적은 정확하다.

왜 이런 현상이 나타나는가? 한국인은 본래 여성정치인에 대해 배타적인가? 만약 그렇다면, 어떻게 일부 여성은 선거에서 당선될 수 있었나? 앞에서도 언급되었지만 한국문화에 대한 심도 있는 분석 없이는 한국인이 노동 성분업에 대해 미국이나 그밖에 다른 자본주의 국가의 유권자보다 더 보수적이라고 말할 수 없다. 그러나 우리는 한국역사를 살펴보고 성공적인 후보를 지지하는 정당을 인식함으로써, 왜 제8대 국회 이후 여성의원 수가 급증했는지를 설명할 수 있다. 여당이 그들을 지지하는가, 아니면 야당이 지지하는가? 그들은 누구이며, 국회진출 이전 그들의 경력은 어떠한가?

한국정치는 역사의 상당기간 동안 반대의 목소리와 정치적 반대세력의 압박에 시달려 왔다. 이런 정치억압의 역사는 모든 억압이 도처에 존재하는 1973년 유신체제에 의해 더욱 악화되었다. 유신체제 하에서 국민의 목소리는 정치 검열뿐 아니라 국회의원을 선출하는 새로운 방식을 제도화함으로써 효과적으로 억압되었다. 유신체제가 발생한 역사적 배경은 무엇이며 그것은 결국 어떻게 끝나게 되었나? 여성국회의원들에게 그것은 어떤 영향을 미쳤나? 한국의 역사를 좀 더 살펴보자.

1948년 제1공화국이 출범되고 공화국의 대통령으로 이승만이 선출되었다. 정치적으로 분열된 한국의 지도자로서 이승만 대통령의 임무수행에 대한 평가로 논란이 있지만, 그의 임기 후반이 부패하고 억압되었다는 것은 대부분 동의하는 사항이다. 1960년 3월 15일 부정선거가 실시된 이후 학생들은 거리에 나와 시위를 시작하였고, 이것은 이승만 대통령을 사퇴시키는 데 결정적인 역할을 한 4·19혁명으로 이어졌다. 이승만 단독통치 12년 후, 제1공화국은 마침내 이렇게 한국역사에서 막을 내리게 된다. 이승만 대통령의 하와이 망명 후 비효율적이지만 민주적인 제2공화국이 출범하였다. 불운하게도 제2공화국은 무질서로 특징지어졌다. 매일 다양한 문제들로 학생들의 시위가 이어졌고, 이는 이전 정권과는 달리 여론에 귀기울이려고 노력했던 정부를 마비시키는 데 충분했다. 당시 총리였던 장면은 강한 리더십을 제공하지 못했고 결국 한국의 첫 민주정권은 끝을 맺었다. 그래서 1961년 5월 박정희 소령에 의해 일어난 군사쿠데타는 질서와 원칙을 제공한다는 점에서 어느 정도 환영받았다.

제1공화국(1948~1960)과 제2공화국(1960~1961) 시기 동안 국회는 단원제였다. 이 기간 동안 국회는 1인 기표 투표(a single non-transferable ballot, 단기 비이양식 투표방식)방식으로 국민에 의해 직접 선출되었다. 그러나 제3공화국의 박정희 통치 하에서는 유권자의 직접 투표에 의한 지역구와 정당에 의해 지명되는 전국구의 두 가지 선출 방법이 혼합되었다. 유신체제인 제4공화국 출범으로 선거시스템은 국민에 의해 선출되는 국회의원뿐 아니라 통일주체국민회의NCU에서 선출된 지명자들도 국회의원이 되는 시스템으로 변화되었다. 이 조직을 '유정회'(유신의회)라 불렀다.

통일주체국민회의의 확장인 유정회가 가지는 자율성의 정도나 결여는 거의 100%에 달하는 유정회후보의 당선율에 의해 가장 잘 설명될 수 있다(내가 비록 이 조사에서 여성후보의 수치만을 다뤘으나 남성후보 역시 마찬가지라고 말할 수 있겠다). 유정회 1기부터 3기까지 단지 한 후보만이 의석을 차지하는 데 실패했다. 그러나 그녀는 통일주체국민회의에 의해 다음 선거에서 의석을 차지했다. 첫번째 유정회 선거(1973)에서 10명의 여성이 선거에 출마했고 한 명만이 당선되었다. 두번째 유정회 선거(1976)에서는 6명이 출마하여 모두 당선되고, 세번째 유정회 선거(1979)에서도 7명이 출마해서 모두 당선되었다. 여성후보의 당선율(100%)과 수치 모두에서 눈에 띄는 이러한 성과는 이전 선거에서 지역구로 당선된 0~3명의 수치와 비교된다. 그러나 유정회 구성원의 선출방식과 그 본질로 볼 때, 이 조직을 여성의 정치참여 정도에 대한 정확한 지표라고 말할 수는 없다. 그들은 단순히 유신체제와 그 의제에 대한 적법성을 제공하는 고무도장'일 뿐이었다.

유신체제에 선행된 것은 1971년 대통령 선거이다. 이 선거에서 박정희는 만 표라는 근소한 차로 경쟁자인 김대중을 이겼다. 부정선거라는 야당의 항의를 포함, 선거결과의 무효를 요구하는 많은 저항과 시위가 빈번하게 발생하였다. 박정희는 "국가안보와 경제성장"이라는 명목 하에 계엄령을 선포하고 헌법개정을 위한 국민투표를 요청했다. 신헌법의 특징 중 하나는 박정희 대통령의 대통령직 종신제이다. 반대의견의 확산에 대한 엄격한 통제와 더불어 과도한 동원으로 극단적으로 높은 투표율를 보인 국민투표는 91% 찬성이라는 놀라운 수치를 기록했다. 유신헌법 아래 두 가지 방법에 의해 선출된 국회의원으로 구성된 국회와 함께 1972년 새로운 공화국(제4공화국)이 출범하였다. 국회의원 선출의 두 가지 제도는 1979년 박정희 대통령이 그의 측근인 중앙정보부장에 의해 암살될 때까지 계속되었다.

이 사건은 어떻게 박정희 대통령이 대중의 불만을 다루었는지에 대한 근거 없는 논쟁을 불러일으켰다. 한국 국민의 불만과 불안정이 경제문제들과 결합되는 가운데, 1979년 8월 야당은 YH여성노동자 파업에 동참했다. 한 여성근로자가 이 사건으로 사망했다. 이 사건 이후 부산과 마산(30년전 이승만 대통령을 하야시킨 마산에서의 사건은 해안가에서 발견된 학생의 사체로 시작된 시위와 봉기의 중심지였다)에서 큰 시위가 발생했다. 1979년 10월 당시 중앙정보부장이었던 김재규는 요정에서 저녁식사 중이었던 박정희 대통령에게 치명적인 총격을 가했다. 암살 이후, 권력은 그 해 12월 군인이었던 전두환에 의해 찬탈되었다. 전두환은 스스로 한국의 대통령이 되었고, 그의 임기 내내 정통성에 대한 시비에 휘말렸다. 1980년 광주민주화운동은 한국역사를 더욱 나쁜 방향으로 돌려놓았다. 전두환 통치의 군사정권은 폭동을 진압하기 위해 훈련받은 공수부대를 광주에 투입해 시민을 무참히 살해하고 외부와의 접촉을 완전히 차단했다. 정부는 200명의 시민이 사망하거나 실종됐다고 발표했으나, 그것에 반대하는 사람들에 따르면 사상자는 1천 명에 이른다. 1997년 정부의 지원 하에 설립된 광주역사연구모임(1999)의 자료에 따르면, 광주민주화운동의 직접적인 결과로 사망한, 신원이 확인된 사체가 165구, 신원이 밝혀지지 않은 사체 95구가 기록되어 있다. 이 기록에 따르면 신원이 밝혀

지지 않은 사체 중 일부는 훼손 정도가 너무 심해 성별조차 구분할 수 없다고 한다(앞의 책, 289). 또한 실종된 많은 사람들을 아직도 찾지 못하고 있다. 광주민주화운동 후에 한국은 경찰국가와 유사한 정치시스템을 갖춘다. 많은 사람들이 광주민주화운동과 관련되어 체포되었고, 후에 한국의 대통령(1998~2003)이 되며 노벨상을 수상(2000)한 김대중 역시 사건 당시 일본에 있었음에도 불구하고 근거 없는 선동 혐의로 체포되어 유죄를 선고받았다. 그러나 좀 더 미묘한 차원을 보면 국민의 일상에 대한 감시는 새로운 국면에 들어섰다. 국내뿐만 아니라 해외에서도 한국인의 정치적 모임이나 활동은 엄중히 감시당했다. 바람직하지 않은 정치활동 혐의로 체포된 사람들은 심문 도중 종종 고문을 당했고, 전前 수감자에 의해 다양한 종류의 정교한 고문 시스템이 증언되었다. 그래서 이 시기 동안 한국은 인권감시단체인 휴먼라이츠워치 Human Rights Watch와 국제사면위원회의 주요 감시국 중 하나였다. 그러나 언뜻 보기에는 교복폐지와 유학생을 위한 군대의 일시적 면제 등을 포함한 해외여행의 자유 등 시민통제의 많은 측면이 느슨해진 것 같았다. 이러한 새로운 정책은 전두환에 대한 대중적 지지를 증가시키려는 필사적 노력의 일환으로 볼 수 있다.

소란스러웠던 8년간의 전두환 대통령 통치 이후 한국의 정치상황은 마침내 변화했다. 1987년에 학생뿐 아니라 중산층까지 정부에 대한 불만을 표출하기 시작했다. 중산층 시민들은 일과 후 종종 학생시위에 참여하였다. 이러한 정치 분위기 속에서 전두환이 지목한 대통령후보 노태우는 군사통치 폐지라는 의도가 담긴 민주개혁, "6·29 선언"을 선포했다. 그 선언의 첫 번째 시험은 그 해 12월 대통령 선거였다. 외신에 따르면 부정선거의 움직임은 전혀 없었고 이것은 1963년 이후 첫 번째로 공정한 선거였다. 이 선거에서 국민의 지지를 얻던 두 명의 야당후보인 김대중과 김영삼은 서로 경쟁했다. 이것은 강한 비판을 받던 여당인 민주정의당의 유일한 후보인 노태우에게 승리를 가져다 주었다. 1987년 선거 이후 한국은 민주주의를 향해 확고부동하게 나아갔다. 이후의 선거들은 눈에 띄는 부정 없이 비교적 공정하게 치러졌다. 이전의 반대세력이었던 김영삼은 1992년 민주자유당으로 태어난 여당에 들어가 대통령에 당선되었다. 이어서 김대중은 1998년 대통령에 당선되었다.

이런 간결한 역사적 배경을 바탕으로 왜 정치억압이 행해졌는지, 여성이 어떠한 상황에서 국회에 진출했는지 살펴보자. 군사정권의 주요 목표는 국가안보와 경제성장이었다. 특히 1972년 유신체제로의 헌법개정 이후, 이 목표는 수단과 방법을 가리지 않고 최우선으로 추구되었다. 일부 불만의 목소리는 전형적인 위험인물로 낙인찍히고 종종 공산주의사상이나 북한에 동조하는 세력으로 치부되었다. 사회적 희생은 상관없이 경제성과는 1970년 이후에는 두 자리 수의 성장을 보일 정도로 눈부신 결과를 보였고, 포항에는 세계에서 제일 큰 제철회사가 설립되었다. 그러나 한국이 경제성장과 함께 더 억압적이 되었다는 것은 아이러니한 일이다. 1960년 200달러였던 GNP가 1970년에는 4배 증가한 800달러가 되었다. 전통적인 근대화이론에 따르면 한국이 이룬 경제성장은 정치적 자유화를 이끌어야 했으나 한국의 경우는 그렇지 못했다. 경제성장을 이룰수록 정부의 권위주의는 더욱 공고화되었다.

이러한 극단적인 정치적 통제 때문에, 젠더가 여성정치인의 낮은 대표성에 어느 정도 영향을 끼쳤는지 평가하기란 쉽지 않다. 더군다나 국회 진출로 여성이 정치적 목소리를 낼 수 있는 수단이 되지 못했다. 유신기간에 가장 많은 수의 여성국회의원이 있었다는 것은 주목할 만하다. 그러나 유신정권은 결코 여성의 정치참여에 의미 있는 분석을 제공하지 않는다. 그 정권 하에 많은 여성이 국회의원이 되었다는 것은 부인할 수 없는 사실이지만 그들 대부분은 조직 내에서 고무도장의 역할을 했기 때문에 여성의 정치참여율을 판단하는 척도로서의 중요성은 미미하다고 할 수 있다. 유정회의 100%에 달하는 국회의원 당선율을 볼 때 유정회의 선택과 역할은 자명하다.

그러나 한국여성정치인들의 빈약한 수와 국회입문 방법과는 상관없이 한국여성정치인들이 가지는 독특한 특징은 그들이 상당히 높은 학력수준과 어느 정도의 정치경험을 가지고 있다는 것이다. 그들 중 대부분이 외국에서 공부했고 높은 학위를 가지고 있었다. 혈연정치에서 한국여성은 정치인과의 혈연관계에서 얻을 수 있는 이익에서 배제되어 왔다. 김행자의 미의회와 한국국회의 비교연구(1975, 55-60)를 보면, 미국은 1917년부터 1974년 사이에 86명의 여성의원들 중 34명이 전前의원의 미망인들이었다. 좀 더 주목할 점은 전체 여성상원의원 10명 중 9명이 미망인이었다는 점이다(앞의 책, 69). 미국과는 물론 일본과도 대조적으로 한국은 1948년부터 1973년까지 남편이나 아버지에 이어 국회의원이 된 여성이 한 명도 없었다. 이것은 미국보다 한국에 만연된 가부장제의 잔재 중 하나인 것이 분명하다. 최근 들어 두 명의 여성국회의원들이 직접적 가족 연계, 즉 정치인의 딸이나 부인으로 국회에 진출했다. 1999년 고故 박정희 대통령의 장녀인 박근혜는 한나라당에서 공천을 받아 보궐선거를 통해 당선되었다. 박근혜 이전에 또 다른 여성은 국회의원이었던 남편이 정치비리에 연루되어 투옥되자 공석이 된 의석에 출마하여 1994년에 국회의원에 당선되었다. 그러나 그녀는 남편이 출소 후 정당의 후보로 공천되자 1996년 선거에는 출마하지 않았다. 이 두 경우 모두 각 지역구에는 이전 정치인에 대한 만연된 정서가 있었다. 일본과는 달리, 한국에는 연예산업에 종사했던 여성국회의원이 한 명도 없었다.

초기 국회에는 많은 여성들이 독립운동가라는 개인 이력을 가지고 있었다. 해방 직후의 첫 번째 선거에서 18명의 여성이 입후보했지만 단 한 명의 여성도 당선되지 못했다. 18명 중에는 박순천이나 임영신과 같은 유명한 독립운동가가 포함되어 있었고 나머지 여성들도 대부분이 사회의 덕망있는 여성들이었다. 첫 번째 선거의 패배 이후, 임영신은 1949년 1월 지방군수로 임명된 남성의원의 공석을 채우기 위한 보궐선거를 통해 당선되었다. 이 선거에서 장관직 임명으로 공석이 된 의석에 3명의 여성이 도전했으나 임영신만이 선출되었다. 그러나 이후 1950년 선거에서 독립운동가였던 임영신과 박순천은 모두 당선되었다.

그러나 실질적으로 여성정치인 수가 증가된 것은 선거시스템의 변화에 의해서다. 대부분의 여성은 전국구를 통해, 즉 1970년대 초기 유정회 또는 전국구의 정당지명시스템을 통해 한국에서 국회의원이 되는 길을 발견했다. 한국에서 여성의 정치입문을 설명하는 데 선거시스템이 중요하다고 주장하는 것은 일리가 있다. 특히 정당 지도자들이 후보를 선택하는 전국구는 여성에게 정치참여의 문을 열어 주었다. 극소수의 여성만이 선출될 정도로 여성의 국회입문을 어렵게 한 것이 무엇인지 결정하기는 어렵다. 나는 여성의 정치행동주의 초기단계에 여성이슈와 상반된 국가이익의 우세가 한국의 페미니즘 자각을 늦추고, 이어서 여성의 정계입문에 방해가 되었을 것이라고 이미 이전 장에서 암시했다. 그러나 이러한 설명은 복잡한 문제에 대한 부분적인 해답만을 제공해 줄 뿐이다.

그러나 여성이 선출직에서 자신의 경력을 추구할 기회가 있었다고 하더라도 극복하기 어려운 장벽이 존재했음은 누구도 부인할 수 없다. 여성의 정치경력에 대한 특별한 저항은 여성이 국가 전체 노동력의 46%(한국일보 1994. 4. 20)를 차지하는 것을 볼 때 아이러니하다.[9] 만약 한국인들이 여성의 유급 고용에 반대하지 않는다면 왜 그들은 여성의 국회진출에 저항하는가? 모든 여성이 자격이 없다고 말할 수는 없다. 이전에 논의되었던 것처럼 임영신, 박순천 같은 충분한 자격을 갖춘 여성조차 초대 국회의원 선거에서 경쟁의 어려움을 겪었다. 김활란은 콜롬비아대학 박사라는 학력과 이화여자대학 총장이라는 탁월한 경력에도 불구하고 국회에 출마하기를 열망했을 때 비슷한 운명에 직면했다. 최초의 여성 박사학위자이고 명성있는 대학의 최초의 여성총장이라는 그녀의 교육경력도 주목할 사항이지만 동시에 그녀가 친일파로서 활동을 한 사실도 언급되어야 한다. 물론 그녀처럼 친일활동을 한 사람 중 일부가 해방 이후 한국정치에서 성

9) 노동부 자료에 따르면 여성 노동인구는1990년 전체의 47.7%이고 1992년에는 44.9%이다.

공적으로 정치경력을 쌓았다는 사실도 공정하게 언급되어야 한다(정운현, 1999).

이 연구는 여성국회의원에 초점을 맞추고 있지만 다른 많은 분야에서도 어려움에 직면한 한국여성에 관해 논의했다. 노동부 통계에 따르면 1990년 직업을 가진 여성의 월 평균 임금은 남성의 727,000원과 비교해 388,000원(53.4%)이었고, 이 비율은 1996년 약간의 상승(59.5%)했다. 임금격차는 전문·관리직종보다 하위 수준의 직종에서 더욱 심각했다. 1990년 공장 여성근로자는 같은 분야 남성임금의 56.7%만을 얻는 데 반해, 관리직과 행정직의 여성임금은 남성의 91.7%에 달했다. 그러나 흥미롭게도 이러한 현상은 1996년에 역전이 되었다. 공장근로자의 경우 여성의 임금이 남성의 69.4%로 상승한 데 반해, 전문직 여성의 경우 74.2%로 하락했다.[10)]

관리직 이상의 여성 노동력 수치를 자세히 들여다보면 흥미로운 현상을 발견할 수 있다. 행정직 수준(임원) 직업의 여성비율은 1985년에 1.7%, 1990년에 2.7%인데 반해 1996년에는 3.5%로 가파른 상승을 보인다. 유사하게 각 부서장 직책의 여성 비율도 1990년 2.4%와 비교해 4.0%로 증가했다(노동부; 재인용 한국여성개발원, 1997, 195). 다시 말해서 더 많은 여성이 책임 있는 자리에 고용되었지만 남성임금에 대한 여성임금의 비율은 오히려 하락했다.

---

10) 좀 더 자세한 임금 차이에 대한 통시적인 설명은 노동부의 직종별 임금조사보고서(1986, 1991)를 참조.
노동부, "임금구조에 대한 조사 보고서". 1996, 1997,
한국여성개발원, 『여성통계연보』, 1997, 203.

정치뿐만 아니라 사회 전반에서 여성진보에 대한 완고한 저항에 직면해 정부는 공무원할당제를 채택했다. 이와 유사한 논의가 국회에서도 있었지만 아직 실행 단계에 이르지는 못했다.

7
결론

이 장에서는 일본의회와 한국국회에서의 여성의 낮은 대표성을 설명하는 제도적, 문화적 변인들을 연구했다. 일본의 경우 개혁 이전 선거시스템과 공식적인 후보모집 과정이 여성을 선호하지 않았다. 그러나 국회의원 성별의 불균형이 선거시스템 때문이었다고 주장하기는 어렵다. 선거개혁은 선거시스템으로 인해 불균형이 확대되었다는 논쟁을 뒷받침하는 데 충분할 만큼의 여성의원의 수를 증가시키는데 실패했다. 이전에 논의되었듯이 일본유권자가 여성후보에게 투표할 의사가 없고 일하는 여성들에 대해 유보적인 입장을 취한다는 것은 의심의 여지가 없다. 그러나 설문에 답한 남녀응답자 모두 여성의원 부족의 두 가지 중요한 원인 중 하나를 정당의 여성후보 모집에 대한 기피 때문이라고 표시했다. 정당이 여성을 모집하기 위해 몇 가지 대안을 시도해 온 것은 사실이다. 그러나 종종 이러한 "다른 수단들"은 여성은 사무실의 "꽃"이라는 편견을 바꾸는 데 도움이 되지 않는 영화배우나 운동선수처럼 눈에 띄는 여성들만을 모으게 했다. 이것은 여성정치인이 남성만큼 적절한 자격을 갖춘 정치인이라는 이미지를 형성하는 데에도 도움이 되지 않는다. 일본인들이 여성이 국가의 운명을 이끌 충분한 자격이 없다고 느끼는 것은 별로 놀랍지 않다. 그리고 공산당의 여성후보모집 노력은 정당의 이데올로기적 입장이 인기를 얻지 못했기 때문에 거의 도움이 되지 않는 것으로 밝혀졌다.

다시 말해 이 문제는 일본의 정당과 사회 차원의 규범, 가치, 젠더에 기반을 둔 역할분화와 깊이 연관되어 있다. 그러나 이것이 여성차별과 어느 정도 관련 있는지 측정하기란 매우 어렵다. 그 설문은 반대되는 관점을 보여줄 뿐 아니라, 모집된 수가 아닌 모집된 인물이라는 부분에서 정당의 공표된 모집정책과 실제 모집관행 사이에 모순을 보여주었다. 이와 같이 문화에 대한 이해와 설명 없이는, 왜 거의 모든 조직의 최고 지도자가 남자인지 이해하기 어렵다. 일본문화와 관련성이 없는 이 모든 단체들이 서로 유사한 구조를 가지고 여성을 지도자의 위치에서 배제하는 것이 어떻게 가능한가? 그러나 대부분 단체의 지도자가 남성이라는 것은 깊이 뿌리내린 문화의 한 측면이라고 추측할 수 있다. 교사연합, 노동조합, 약사협회, 변호사협회, 농민조합 그리고 대부분이 여성회원으로 이루어진 세이카츠 클럽(Livelihood club, 생활클럽)과 같은 일부 소비자 단체까지 단체의 대표는 남자다. 이러한 남성화는 "남성이 지배하지 않는" 또는 "성중립적"사회에서는 발생할 수가 없다. 나카네 치에의 주장처럼 사회구조는 위계적으로 조직화되어 있고, 이 위계질서의 기본적인 원칙은 여성은 남성의 아래에 있다는 것이다.

이는 앞에서 진술한 "혈연정치"에서 더욱 자세히 묘사되었다. 은퇴했거나 또는 현직에 있는 정치인들이 후보선발에서 그들의 정치적 힘을 발휘할 수 있는 "2세대" 정치인이라는 현상에서 자신의 딸보다 사위를 후보로 더 선호한다는 것을 알 수 있다. 이러한 선택은 정당의 당선가능성 기대치에 기반하고 있든지 아버지의 자율적인 결정에 있든지 일본정치의 여성 진출을 막는 사회적으로 뿌리 깊은 장벽이 있음을 부인할 수는 없게 한다.

한국의 경우 이 분석은 정치시스템과 정치적 분위기의 변화 때문에 더욱 복잡해진다. 유신체제하에 여성국회의원들이 있었던 것은 사실이지만 이는 그들의 정치적 자격이나 유권자의 선택을 설명하지 못한다. 그러나 지역구 출신의 여성정치인의 수가 극단적으로 적은 것은 한국유권자가 국회의원선거에서 여성후보에게 투표하는 것을 꺼린다는 것을 보여준다. 일부는 여성이 선거에서 승리하지 못하는 이유가 젠더에 상관없이 패배가 분명한 선거구에 출마하기 때문이라고 주장한다. 달리 말해 만약 여성후보가 당선이 확실시 되는 선거구에 출마하면 당선가능성은 매우 높아질 것이다. 따라서 비난은 국민이 아니라 정당으로 향하게 된다. 이와 반대되는 논쟁도 어느 정도 유효성을 가지고 있지만 검증되지는 않았다. 게다가 만약 정당이 여성정치인을 보유하지 않으려는 음모를 가지고 있다면, 왜 전국구후보로 여성을 공천하는지 이해하기 어렵다. 빈약한 재정적 지원 같은 다른 요인들이 있을 것이다. 한국의 경우 여성정치인은 남성정치인

만큼 자격과 학력을 가지고 있다는 것이 확실하다. 그래서 한 가지는 확신할 수 있다. 자격 있는 여성후보의 부족이 한국의 여성정치인 부족의 원인은 아니다.

04

정치제도와 문화작용

이 장에서는 현재 일본 정치제도와 여성정치진출의 관계를 이해하는 한 방법으로 정치제도 변화과정을 중점적으로 살폈다. 정치제도가 일본문화와 맞고리를 잡을 때 그 영향이 여성에게 어떻게 미치는가. 한국은 해방 후 많은 시간이 군사정부체제 하에 있었기 때문에 이 장에서 한국은 제외했다.

1
일본의 봉건제도에서 근대까지

1853년 7월 페리 Perry 제독이 그의 '해적선'을 일본열도에 정박했을 즈음, 일본의 전통적 봉건질서는 이미 쇠퇴의 기미를 보이기 시작했다. 사무라이, 소작농, 장인, 상인을 분리하는 명확하고 표준화된 계급 구분이 무너지기 시작한 것이다. 힘을 잃은 사무라이들은 궁핍에서 벗어나기 위해 종종 그들의 지위를 부유한 상인에게 팔거나, 그들의 자식을 상인과 결혼시켰다. 계급의 혼재는 사회적 행위에서도 나타났다. 사무라이 계급에 의해 존경받던 금욕주의는 일반적으로 낮은 계급에게만 수용되었던 쾌락을 추구하는 행위들로 인해 점차 무너져 갔다. 공공연한 쾌락주의 추구 속에서 계급구분은 그 중요성을 잃었다. 모든 계급들은 '쾌락'을 공유함으로써 하나로 묶여졌다.[11)]

전통사회가 빨리 붕괴하면서 정치엘리트 도쿠가와는 일본이 서구 열강의 군사력과 경제력에 무방비라는 것을 지각하기 시작했다. 일본 엘리트들은 일본문명화의 스승역할을 했던 중국이 서구 군사기술에 의해 착취당하는 것을 목격했다. 나가사키의 네덜란드 무역상인들은 아편전쟁(1839~1842) 이후 중국이 대영제국에게 종속당한 일

11) 도쿠가와 말기의 타락 관념을 알아보려면 하워드 히비트 Howard Hibbit, 1978의 『The Floating World in Japanese Fiction』 참조.

련의 굴욕적인 사건들을 전했다. 1840년대 후반 일본의 정치지도자들과 지식인들은 일본이 중국과 같은 운명에 처하게 될까봐 두려움에 쌓였다. 메이지유신 Meiji Restoration 100주년을 기념하여 요미우리 신문사에서 출판한 책에는 그 당시 일본 지식인들의 불안을 반영하는 정서가 담겨 있다. "중국을 뒤덮은 안개가 일본에 서리로 내릴 것인지 아닌지 우리가 어떻게 알 수 있겠는가"(요미우리 신문사, 1968, 19-20; 재인용 Peter Duus, 1976, 57). 바쿠후 Bakufu가 일본을 서구세력에 개방하라는 페리 제독의 요구에 굴복했을 때, 학자와 정치지도자들은 중국과 같은 운명을 피하기 위해 일본의 국력을 강화해야 할 시급한 필요성을 느꼈다. 이러한 내·외부적 요인의 결합이 일본의 근본적이고 혁명적인 변화를 만들어냈다.

1868년 1월 초오슈 Choshu와 사츠마 Satsuma의 두 봉건가문(이후 더 작은 세력인 토사 Tosa와 히젠 Hizen이 합류했다)에 속한 낮은 지위의 젊은 사무라이들은 천황이 권력의 중심이 되는 전통적 왕정복구의 질서회복을 요구하는 무혈혁명을 이루었다. 혁명의 주된 정서는 "천황숭배와 야만인 추방(존황양이)"이었다. 일본의 미래 설계자들은 야만인의 위협에도 불구하고 자신들이 서구의 기술을 필요로 한다는 것은 알고 있었다. 그래서 케네스 파일 Kenneth Pyle, 1978, 64이 간결하게 요약한 것처럼 "서구화는 반서구주의의 방법이었다."

젊은 메이지 혁명가들은 정부의 주도권을 장악한 이후 일본을 근대화 시키려는 사명을 완성하기 위해 발빠르게 움직였다. 근대 일본은 서구 국가의 정치시스템을 닮은 정치시스템을 필요로 했다. 초오슈의 정치가인 이토 히로부미 Ito Hirobumi가 이끄는 새로운 정부의 대표단은 서구의 정치와 법시스템을 배우기 위해 유럽에 파견되었다. 이 정치가들에게는 선진유럽 국가들에게 받아들여지는 것이 일본을 근대화하는 것만큼 중요했다. 메이지 지도자들은 근대 정치시스템의 형태를 갖춘다면 치외법권과 같은 불평등한 조약 규정을 피할 수 있는 더 좋은 기회를 가질 수 있을 것이라고 생각했다.[12] 대표단은 선진화된 국가들의 입헌정부에 대해서 배웠고 일본 역시 그것이 필요하다고 생각했다. 문제는 어떤 종류인가 하는 것이었다. 자유민권운동의 경험 이후 지도자들은 강한 군주제와 행정부, 그리고 약한 의회를 갖춘 시스템을 지지했다.[13] 그래서 입헌군주제인 프러시아 제2제국은 일본의 입헌군주제 모델로 채택되었다. 1890년 메이지헌법 반포 일 년 후 최초의 국회가 소집되었다. 이 제국의회는 귀족원과 중의원으로 구성되었다. 전자는 단순히 임명에 의해서, 후자는 자격 있는 남성 납세자로 구성된 단지 소수의 국민에 의해서 선출되었다.[14]

헌법은 천황이 그의 신민에게 준 선물이었다. 그래서 주권은 국민이 아닌 천황에게 있었다. 헌법 제4조는 "현행 헌법에 따르면 천황은 그 자신 안에 주권을 포함하는 제국의 우두머리"(재인용 키시모토 코이치,

12) 혁명 전에 체결된 해리스 조약The Harris Treaty은 일본 내 서양인들이 일본법이 아니라 자국의 법을 따르도록 했다. 근본적 이유는 일본의 정치시스템이 외국인들에게 공정한 심판을 할 만큼 개화되지 못했다는 것이다.

13) 지유민켄운도(Jiyu Minken Undo, 자유민권운동)는 이타가키 타이슈케 Itagaki Taisuke가 이끌었다. 이 운동의 주요 요구는 국민에 의해 선출되는 의회를 만드는 것이었다. 그들의 생각은 존 로크 John Locke의 자연권에 기초하고 있었다. 그러나 이 운동은 1870년대에 검열과 투옥을 통해 진압되었다.

14) 귀족원의 의원을 정하는 데 있어서 아주 작은 예외가 있었는데 구성원의 일부를 많은 양의 세금을 내는 사람들 중에서 뽑았다. 자세한 것은 로버트 스칼라피노(1967, 84) 참조.

1988, 37)라고 적고 있다. 메이지 관리들은 처음부터 효율적이고 강한 입법부를 만들려는 의도가 없었다. 그들이 대의정부를 수용한 이유는 단지 표면적인 것이었을 뿐 실제로 국민의 목소리가 효율적으로 반영되는 진정한 의회시스템을 만들려는 것은 아니었다. 최종 결정의 목소리는 천황과 천황과의 직접적 통로를 갖고 있는 소수의 자문그룹이 가지고 있었다. 강한 행정부와 약한 의회를 세우려는 이런 노력은 초기의 민주운동을 억누르고 통제하는 수단으로서 성공적으로 작용하였다.[15)]

그러나 의회의 취약함과 정부의 억압에도 불구하고 유럽의 개인주의와 자유사상에 기반을 둔 자유민권운동은 일본 정당형성에 씨앗을 뿌렸다. 1881년 후반 억압되어 온 자유민권운동의 지도자인 이타가키 Itagaki의 리더십 아래 자유당 Jiyuto, Liberal Party이 창당되었다. 오쿠마 시게노부 Okuma Shigenobu는 입헌개진당 Kaishinto, Progressive Party를 설립했다. 이러한 자유주의 정당들의 형성에 대항해 극우민족주의자들은 리켄 테이세이토(Rikken Teiseito: Constitututional Imperial Party, 입헌제헌당)을 설립했다. 최초의 두 정당은 이름과 구조에 있어서 몇 가지 변화를 겪었지만 1945년 이전 일본의 정당정치의 흥망성쇠에서 살아남은 지배정당이었다. 그러나 봉건시스템의 특권계급들로 구성된 정당운동 지도자들이 의회시스템의 본질인 개인주의와 국민주권의 개념을 실제로 얼마나 이해했는지, 그리고 지지했는지는 의문이다. 로버트 스칼라피노 Robert Scalapino는 다음과 같이 적고 있다.

---

15) 스칼라피노는 전쟁 전 일본에서 민주주의가 실패한 것은 봉건제도적인 요소를 뿌리 뽑아내지 못한 메이지헌법의 시스템 때문으로 보고 있다. 로버트 스칼라피노(1967) 참조.

> 비록 인민의 권리와 자치를 강조했지만, '자유주의자들' 대부분은 강한 국가를 설립하기 위한 수단으로 자유주의를 강조하였는데, 이는 당내 분위기와 이들의 개인적 배경에 압도되었기 때문이다. 그들은 자유주의 신조의 본질인 개인주의의 지극한 중요성을 충분히 인지하지 못했기 때문에, 자유주의가 개인에게 주어지는 것보다 더 많은 이득을 국가에게 수여한다고 생각하는 경향이 강했다. 개인은 여전히 목적이 아닌 수단으로써 취급되었다(1967, 41).

기본적인 민주주의의 개념에 대한 이런 왜곡된 이해를 보면 일본 정당들이 서구 의회시스템 내에서 서구 정당들이 작용하는 것처럼 기능하지 못했던 것이 놀라운 일은 아니다. 피터 두스 Peter Duus는 그들이 정당보다는 압력단체처럼 행동했다고 주장한다.

> 두 집단 모두 정당으로 자리매김하고 있으나 사실은 두 집단 모두 끊임없이 정부와 지적으로 선전 싸움을 벌이고 있는 압력단체로 활동하고 있었다. 개신당은 신중과 중용의 필요를 강조하고, 도시의 지식인과 저널리스트 그리고 실업가들로부터 지지를 이끌어내기 위해 온건한 영국식 입헌제를 계속 주장하였다. 자유당은 국민주권 개념, 민족적 입헌의회, 그리고 정부의 지방분권에 입각해서, 초기 자유민권운동의 급진적 성향의 특성을 계속 보였다(1976, 101).

천황과 관료가 통치하는 정치공동체를 만들려는 메이지 과두지도자들의 의도와 정당정치의 불길한 시작에도 불구하고 의회의 중요성은 점점 더 커졌다. 중일전쟁(1894~1895) 이후의 경제적 상황은 의회에게 관료를 능가하는 예상치 못한 힘을 주었다. 전쟁기간 동안 증가한 지출때문에 의회의 승인은 매우 절박했다. 이로 인해 중의원들이 예산안에 대해 행사했던 거부권은 중의원의 힘을 증가시키는 주요한 수단 중 하나가 되었다.[16] 이 문제를 다루기 위해 내각은 중의원에 대한 고압적인 태도를 완화해야만 했다. 이에 반해 의회는 내각에 대해 보다 더 우호적이고 탄력적인 입장을 취했다. 쌍방의 필요에 의한 명백한 결과로 1900년 메이지헌법의 겐로(genro, 원로)이자 설계자인 이토 히로부미의 리더십 아래, 후에 정우회 Seiyuka가 되는 연립정당인 입헌정우회 Rikken Seiyukai가 설립되었다. 이것은 내각과 의회 사이의 협력의 시작을 의미했다.

2
여성들의 정치활동

내각과 정당, 이 두 정치영역 사이의 개선된 관계가 여성운동의 진보에 필연적으로 공헌하지는 않았다. 입헌정우회의 결성은 여성운동

16) 헌법은 의회가 내각에 의해서 제시된 예산안을 거절할 경우 전년도 예산만큼을 지급하도록 하는 준비를 포함하고 있었다. 그러나 군사비는 전년도 예산에 의해 적절하게 충당되기에는 너무 컸다.

이 이전에 목소리를 냈던 자유당에 대한 진입로를 잃었다는 것을 의미했다. 게다가 연립정당은 여성의 정치단체 참여나 후원, 또는 정치 집회의 참석을 금지하는 경찰법(Police Law of 1900) 제5조의 삭제를 지지하지 않았다.[17)]

메이지정부 설립의 겐로 중 하나인 이토뿐만 아니라 정당의 설계자이며 그 후 혼란스러운 타이쇼(Taisho, 대정) 시대의 수상이었던 하라 케이Hara Kei 또한 전직 관료였다. 정우회를 움직인 당대의 가장 중요한 정치지도자 두 명이 관료제에 뿌리를 두고 어떠한 걸림돌도 없이 세력 확장을 시작했다는 것은 놀라운 일이 아니다. 정우회의 급속한 세력 확장에 놀란 다른 정당들은 정우회와 경쟁하기 위해 연립정당을 형성하기 시작했다. 1913년 카츠라 타라Katsura Tara 왕자의 리더십 아래 설립된 도시카이(Doshikai, 입헌동지회)는 그러한 정당 중 하나였다. 그 후 몇 번의 개명을 거쳐 도시카이는 마침내 1925년 입헌민정당Minseito이 되었다. 그러나 민정당과 정우회는 관료제와 의회 사이의 밀접한 관계의 산물이었다. 이처럼 내각과 의회 사이의 밀접한 관계를 스칼라피노Scalapino가 "당-관 협정party-bureaucratic ententes"이라 표현했고, 이는 오늘날의 정당내각의 시작이었다(1967, 152). 1905년 러일전쟁에서의 승리 이후 빠르고 간섭 없는 영토확장은 내각에 보다 영향력 있는 지위를 주었다.

일본 대중은 민주주의를 향한 이러한 움직임에 어떠한 실제적인

---

17) 1조는 여성이 정치단체에 가입하는 것을 금하고 있으며 2조는 여성이 정치적 집회를 후원하고 참여하는 것을 금지하고 이다. 자세한 것은 이치카와 후사에 참조, Ichikawa Fusae Jiden : senzenhen, Shinjuku Shobo 참조.

역할도 하지 않았다. 전쟁 전 일본 정당정치의 특징 중 하나는 어떠한 정당도 대중에 기반을 두고 있지 않다는 것이었다 Pyle, 1978. 일례로 1881년 10월 자유당 본부에 기록된 등록당원은 101명이었고, 1884년 5월 등록된 당원은 2천 명을 조금 넘는 것으로 집계되었다. 스칼라피노(1967, 107-108)는 "많은 당원들이 1884년까지 죽거나 투옥되었기 때문에 이 수치는 다소 오해의 소지가 있다"고 기록하고 있다. 자유당은 공식적으로 1884년 10월에 해체되었다가 다음 해에 재창당되었다.

타이쇼 Taisho 민주주의시대라 불리는 기간조차, 보통의 일본인들은 민주운동에 어떠한 역할도 수행하지 않았다. 정우회의 총재였고, 1918년 9월부터 1921년 11월 암살될 때까지 수상을 역임한 중의원 하라 케이 Hara Kei는 성인남성의 보통선거권과 노동운동에 반대했다. 마침내 1925년 성인남성에게 참정권이 부여됐다. 정당지도자의 우선적 관심은 대의정부라고 불리는 것을 이용해 당의 세력을 증가시키는 것이었다. 스칼라피노는 "실제로, 느슨한 의미에서 '민중운동'으로 묘사될 수 있는 것의 발생은 정당의 세력증가에 매우 중요한 두 번째 요소였다"고 기록한다(앞의 책, 211).

여성의 어떠한 형태의 정치적 참여도 용납되지 않은 것은 놀라운 일이 아니다. 1900년 경찰법은 여성이 어떤 수준의 정치활동에도 참여하는 것을 금지했다. 그 법이 효력을 가지고 있는 한, 여성은 중요한 정치적 토의와 모임으로부터 배제될 수 밖에 없었다. 일본 페미니스트들은 만약 그들이 일반 여성의 지지를 얻고 법을 개정하길 원한다면 우선 엘리트집단을 능가해야 할 것을 인식하였다. 그래서 당시 페미니스트들을 이끌었던 이치카와 후사에 Ichikawa Fusae와 히라츠카 라이초 Hiratsuka Raicho는 여성들의 단합된 노력을 요구했으며 1919년 신부인협회 NWA, New Women's Assoiciation의 설립을 선언했다. 그 취지는 다음과 같이 표현되었다.

> 우리들이 처음으로 중산계층 여성들에게 깨어나라고 호소한 후 10년 동안 많은 변화가 있었다. 전쟁은 낡은 세계를 파괴했고 새로운 세계를 일으켰다……. 이제는 우리가 지난 10년 동안 모아온 힘을 발휘할 때이다. 이를 위해서 우리 여성들은 우리의 힘을 합해야만 한다K. Molony, 1980, 99.

신부인협회의 지도자들은 일부 의원들의 욕설을 참아가며 경찰법 개정을 위해 의회에 로비를 했다. 참의회의 영향력 있는 지도자 중 하나인 후지무라 요시로 Fujimura Yoshiro는 왜 여성들의 정치참여를 허용해서는 안 되는지를 설명했다.

> 여성의 정치활동 참여는 극히 곤란하다…… 그것은 생리학적으로뿐만 아니라 심리학적으로도 자연법에 위배되는 것이다. 여성의 장소는 가정이다……. 남성과 함께 정치활동에 참여하는 것은 여성의 임무가 아니다. 궁극적으로 여성에게 정치활동에 참여할 권리가 주어지면 우리 사회 시스템의 기반인 가족제도가 파괴될 것이다. 나는 이러한 신여성(정치 활동가가 되려고 하는 특이한 여성 그룹)의 행동이 극히 부끄러운 것이라 생각한다……. 나는 우리가 "경찰법 개정"에 반대해야 한다고 믿는

다(앞의 책, 128~129).

이러한 냉담한 정치 환경에도 불구하고 정치적 권리를 얻으려는 그들의 불굴의 노력은 몇몇 결실을 가져왔다. 1922년 개정된 경찰법은 여성이 어떤 수준에서도 제 목소리를 내는 것을 허용하지 않았지만 여성의 의회참관은 허용했다. 경찰법 개정에도 불구하고 일본여성에게는 여전히 정당의 입당과 정치모임 참석이 금지되었다. 이 법은 1945년 제2차 세계대전에서 일본이 패전할 때까지 유지되었다. 그래서 일본여성들은 전쟁 전 일본의 정당정치에서 거의 어떠한 직접적인 역할도 수행하지 못했다.

1931년 만주사변 이후 어떠한 반대 의견도 용납되지 않았다. 정치는 군국주의자들의 손에 있었으며, 내각조차도 열렬한 군국주의자와 극우주의자들의 영토확장에 대한 열정의 도구로 활용되는, 그 이상의 역할을 하지 못했다. 군국주의자들은 정치구조 안에서 세력을 행사할 수 있었을 뿐 아니라 새로운 영토의 획득으로 일본 민족주의에 호소함으로써 다른 정치조직들보다 일본국민들로부터 더 큰 지지를 받을 수 있었다 Scalapino, 1967, 347-354. 많은 정유회 당원들은 군국주의에 지지를 보냈다(앞의 책, 368). 1940년 모든 구舊 정당들은 국가통합과 효율적인 의회를 위한 하나의 통합정당을 세우기 위해 해체되었다. 그리고 바로 대정익찬회 Imperial Rule Assistance Association인 '단일거대정당'이 1940년 10월 12일에 설립되었다.[18] 이 정당은 군사정책을

18) 정우회는 1940년 7월 16일에 해체되었으며 민정당은 같은 해 8월 15일에 해체되었다. 다른 야당들, 예를 들어 사카이 타이슈토 Shakai Taishuto, 코쿠민 도메이 Kokumin Domei 역시 그 달이 끝나기 전에 해체되었다(스칼라피노, 1967, 387-388).

정당화하고 정부를 위한 선전기관으로서 천황 중심으로 이루어진 국내통합을 보조하기 위한 기구로서 지속되었다. 여성참정권론자인 이치카와 후사에는 1930년대 후반 이런 정부선전정당에 협력하라는 압력에 굴복하여 정부정책을 촉진하기 위한 수많은 순회강연에 동원되었다. 1945년 연합군에 의해 일본이 패배할 때까지 여성의 참정권 운동은 정지상태였다.

3
전후 정치시스템 개관

일본의 민주주의를 향한 최초의 운동과 정당정치는 봉건적 특색들과 유산들을 버리는 데 실패함으로써 훼손되었다. 초기 일본의 정치는 본질적으로 엘리트주의였고, 겐로의 관례에서 보이듯이 초법 extralegality 이 법을 능가했다. 스칼라피노는 민주주의를 향한 운동의 실패 원인이 정치에 대한 국민 참여의 성장을 억제한 메이지헌법에 있다고 주장했다. 정치시스템에 의해 극복되기에는 국민주권의 개념과 봉건적 특색들 사이의 긴장이 너무 컸다고 그는 주장했다. 본질적으로 피지배자뿐 아니라 지배자들도 자유주의 신조의 본질인 개인주의의 개념을 완전하게 이해하지 못했다. 게다가 일본의 민주주의운동은 그 시작부터 개인의 자유와 정치권리를 추구하려는 국민에 의해 고무된 자연적 성장이 아니라 국가를 서구화하고 근대화하려는 국가노력의 일환이었다.

4
제2차 세계대전 이후의 정치시스템

일본이 제2차 세계대전에서 패배했을 때, 미점령군의 우선적 과제는 국민주권과 개인주의에 기반을 둔 민주정부를 수립하는 것이었다. 여기에는 정치제도에서부터 가치와 규범까지 근본적 변화의 전 범위를 포함하는 것이었다. 이 사명을 위한 첫걸음은 국민의 의견이 효과적으로 반영되고 궁극적 주권이 국민에게 부여된 정치시스템을 수립하는 것이었다.

1947년 공포된 신 헌법은 천황이 "주권을 가진 국민의 의지로부터 그 지위을 부여받은 국가와 국민통합의 상징"이라고 선언하고 있다 (이케 노부타가, 1957, 23). 결과적으로 보통선거권이 주어졌고, 두 개의 선출 입법기관인 중의원과 참의원이 국민의회를 구성하였다. 중의원은 130개의 선거구에서 선출된 512명의 대표들로 구성되었다. 여기에는 각각의 선거구에서 3~5명의 대표를 선출하는 양도할 수 없는 단기비양식 투표방식이 사용되었다. 참의회는 다른 선거시스템을 가지고 있었다. 252명의 의원 중 100명이 전국구에서 선출되었고 나머지 152명은 47개의 지역구에서 선출되었다.

헌법 제41조에 의회는 "국가의 유일한 입법기관"이라고 말하고 있다. 또한 의회는 통상적으로 내각의 장관들을 지명하는 수상을 중의회에서 선출한다. 내각은 의회에 책임을 진다. 모든 법안은 양원을 통과해야 하며, 중의회는 법안에 대해 최종적 권위를 가진다. 즉, 참의회가 어떤 법안을 거부해도 중의회는 그 결정을 무시하고 중의회에 의해 승인된 그 법안을 법률로 제정할 수 있다.

5
새로운 가치를 가진 새로운 시스템으로의 이행

서구민주주의 정치제도화 과정이 정립되면서 미점령군은 전통적 가치를 지닌 일본사회에 그 시스템이 정착되었다고 확신하였다. 점령당국은 일본민주화의 가장 큰 문제점 중 하나가 상반된 의견의 부족이라고 생각했기 때문에 이를 위해 일본사회에 명백한 대립을 증진시켰다. 그래서 진정한 민주주의를 위한 운동을 오염시킬 수 있는 전범戰犯들은 정치무대에서 추방된 반면, 전쟁기간 동안 체포되었거나 지하에 숨어있던 공산주의자들을 비롯한 정치적 반대세력들은 자유롭게 정치에 참여하도록 장려하였다.

6
일본 여성과 선거시스템

후보자들이 격렬하게 경쟁했던 1946년 4월 최초의 총선거에서 300개 이상의 정당들이 후보를 배출했다. 이 선거의 평균 경쟁률은 6대 1이었다. 이러한 상황은 점차적으로 변해 경쟁률이 2000년 선거에서 3대 1로 다시 상승할 때까지 계속 떨어졌다. 1986년 선거에서는 경쟁률이 1.6대 1까지 떨어졌다(경쟁률은 후보들의 수와 전체 의석수 사이의 비율로 계산되었다).[19] 소수정당의 후보는 전체후보의 20.6%를 차지했다. 전후 최초의 총선거에서 또 하나의 주목할 만한 특징은 후보 중 많은 비율, 거의 28%가 무소속 후보였다는 것이다. 이 선거에서 39명의 여성이 선출되었다.

| 표 4.1 | 1946년 선거의 후보자 수와 정당들에 의해 획득된 의석 수 (단위: 명)

정당	진보당 (PP)	자유당 (LP)	사회당 (JSP)	공산당 (JCP)	협동당 (CP)	다수당들 (MPs)	무소속 (INDEP)
후보자	376	485	331	143	92	570	773
의석	94	140	92	5	14	38	81

자료출처: 자치성 선거국 Jichisho Election Bureau, 1986.

19) 1946년 11월 새 헌법이 공포되기 전인 1946년 4월 전후 첫 선거가 실시되었다. 최초의 전후 의회는 참의원이 없는 제국의회였으며, 그 이후에 1947년 3월 31일에 해체되었다. 1947년 4월 양원에 대한 선거가 새로운 헌법 아래 이루어졌다.

〈표 4.1〉에서처럼 일본선거 역사상 가장 많은 수인 81명(17.4%)의 무소속 후보가 의석을 차지했다(앞의 책, 18). 이 무소속 의원 대부분은 후에 주로 보수정당인 다수당들로 흡수되었다.

이 최초의 선거에서 어떠한 정당도 유권자들로부터 압도적인 지지를 얻지 못했다. 전체의석은 진보당(94석), 자유보당(140석), 그리고 사회보당(92석)의 세 개의 정당에게 균등하게 배분되었다. 공산당은 단지 5석을 차지하는 데 그칠 만큼 허술했다. 그러나 이 선거는 일본선거의 일반적 경향을 이해하는 지침으로 사용되지는 않는다. 왜냐하면 이 선거는 패전 이후 이어진 혼란스러운 정치 환경에서 실시되었기 때문이다. 특히 높은 경쟁률은 차후의 선거에서 보이는 일반적인 경향과는 큰 차이가 있다. 이 선거의 후보들은 대부분 유권자에게 알려져 있지 않다는 점에서 동등했다. 그 이유는 진정한 민주주의 일본을 만드는데 방해가 되는 '불순한' 요인들을 제거하기 위한 점령정책의 일환으로 저명한 일본 지도자들이 투옥되거나 정치무대에서 배제되었기 때문이다. 그래서 다른 선거와 비교해 볼 때 전반적으로 모든 후보들이 동등한 입장으로 경쟁했다는 점에서 이 선거는 정당한 경쟁이었다고 볼 수 있다. 그 이후로 경쟁률은 낮아졌고, 이는 일본선거정치의 고착된 본성이 되었다.

이 선거 이후 대부분의 정당은 사라졌고, 남은 정당은 당명을 바꾸거나 다른 정당에 흡수되었다. 2002년 현재 오직 세 개의 정당만이 그들의 뿌리를 이 시기에서 찾을 수 있다. 그 세 개의 정당은 자유민주당, 일본사회당(JSP, 이후 SDP로 개칭), 일본공산당이다. 자민당은 메이지시대의 자유당과 1947년 민주당으로 개칭한 진보당, 이 두 개 보수정당에 뿌리를 두고 있는 연립정당이다. 30년간의 휴면상태 이후 1979년 재출현한 노동당의 전신인 협동당은 1946년 선거에서 92명(3.8%)의 후보를 출마시킴으로써 성장가능성이 커보였지만, 1983년 선거 이후로 단 한 명의 후보도 출마시키지 못하고 있다.

제국의회는 1947년 3월 31일에 완전히 해체되었고, 1947년 4월에 신헌법 하에서 양원선거가 있었다(참의회는 4. 20, 중의회는 4. 25). 구舊 제국의회와 새로운 형태의 의회의 중요한 차이 중 하나는 양원의 의원들이 보통선거에 의해 선출된다는 것이었다. 제국의회의 귀족원인 상원의원들은 최고액의 세금납세자에 의해 선출되는 몇몇 의원을 제외하면 대부분 지명되었다. 오직 천황의 권위에 찬성하기 위해 기능했던 전쟁 전 의회와는 반대로 신헌법 하의 의회는 "국가의 유일한 입법기관"이었다.

중의원은 15일, 참의원은 18일의 선거기간을 가진다. 이러한 규제원리는 장기간의 선거활동에 뒤따르는 잠재적 부패와 선거비용을 줄이기 위해서다. 한정된 선거기간은 재정적 자원이 부족한 후보들에게 좀 더 공정한 것으로 간주되는데, 이는 긴 선거운동 기간의 비용으로 불리한 영향을 덜 받기 때문이다. 그러나 이 조항은 유권자들에게 이미 이름이 알려진 현직의원들에게 뜻하지 않은 이점을 제공했

| 표 4.2 | **중의회 후보경쟁률(1946~2000)**

연도	1946년	1947	1953	1960	1972	1980	1986	1990	2000
비율	6	3.4	2.2	2.0	1.8	1.6	1.6	1.6	3

* 경쟁률은 전체후보 수와 전체 의석 수의 비율이다. 예를 들면 만약 두 명의 후보가 하나의 의석을 놓고 경쟁한다면 경쟁율은 2이다.

** 자료출처: 자치성, 선거사무소(1987). 아사히 신문 1990. 2. 18, 2000. 6. 25.

다. 그래서 이 제한은 평등을 주기보다는 불평등을 가중시켰다. 다음의 〈표 4.2〉는 신헌법 하에 실시된 최초 선거 이래 선거정치가 정치 신인들에게 보다 어려워지고 있음을 보여준다.

표에서 지적하듯이 1946년 최초의 총선거 이래 경쟁률은 1980년대 거의 경쟁률이 없는 수준까지 급격하게 떨어졌다. 이것은 다음과 같은 점을 시사한다. 정당들이 견고하게 확립되었기 때문에 정당의 후보로 모집되는 것이 점차 어려워졌다. 그래서 정당의 후보가 되는 것이 당선을 위한 최우선의 중요한 단계가 되었다. 예를 들면 1986년 총선에서 자민당 후보의 93.2%가 당선되었다. 즉, 자민당은 전체 512석 중 300석을 획득하며 전체 중의원의 거의 60%를 차지했다. 이 선거에서 자민당이 단 한 명의 여성후보도 공천하지 않았던 것과, 선거개혁 후에도 계속 극소수의 여성만을 공천한 것은 주목할 만하다. 1990년에는 자민당 여성후보가 한 명도 없었다. 1993년에는 2명의 여성후보가 출마해서 1명이 선출되었다. 그러나 선거개혁 이후의 선거들을 보면 1996년 10명(4명 당선), 2000년 선거에서 18명(7명 당선)의 여성이 공천받았다. 자민당이 여성후보를 지지할 의지가 없다는 사실은 그 당이 중의회에서 가장 많은 의석을 차지하고 있다는 점에서 의미가 있다. 여성후보에 대한 이런 지원 결핍은 또한 정치초보자가 공천받을 수 있는 기회를 갖는 것이 어려워질수록 경쟁률이 더 낮아진다는 점을 강조한다. 2000년 선거에서 중의원 경쟁률이 3 대 1로 치솟았을 때 더 많은 여성 후보들이 경쟁했고, 그 결과 개혁 전에 실시된 1993년 선거의 14명에서 크게 도약한 33명의 여성의원이 2000년 선거에서 탄생했다.

극소수의 정치 신인 대부분이 이전 선거의 정치가들 또는 현직의원과 혈연관계가 있는 '2세대' 정치인이라 불렸다. 요미우리 신문은 1986년 선거에서 156명의 중의원과 22명의 참의원이 2세대 정치인이었다고 보도했다. 그들 중 다수인 중의원 135명과 참의원 17명이 자민당 소속이었다(요미우리 신문, 1986. 7. 8. 석간). 이러한 결과의 중요성은 정치관문이 내부 연계가 있는 사람들에게 많이 개방되어 있다는 것이다. 특히 여당은 그와 같은 연계가 없는 정치 신인들에게는 거의 기회를 주지 않았다. 게다가 정당들은 정치경험이 없는 후보 모집을 점점 더 꺼려했다. 이러한 구舊 후보들의 순환경향은 우선 최소한의 정치적 노출만을 해온 여성정치인에게 가장 치명적 영향을 미쳤다. 이것은 반드시 정치적일 필요는 없는 다양한 방법에 의해 이미 유권자에게 알려진 잠재적 여성후보가 정치적 경험 유무와는 상관없이 정당에 의해 호의적으로 다루어져 왔다는 것을 말해준다.

또 다른 조항인 선거운동 기간의 제한 또한 정치초보자에게 불리한 영향을 미쳤다. 선거운동은 정치활동과 같지 않다. 정치가들은 선거활동기간은 법적으로 제한받는 반면에, 정치활동은 그들의 시간과 자금이 허용하는 한 무제한적으로 할 수 있다. 이것은 선출직으로서의 지위 때문에 도전자보다 현직의원에게 유리했다. 예를 들어 현직의원은 새로 지어진 다리의 준공식에 참석함으로써 자신이 선거구민을 위해 '좋은 일'을 한다고 유권자에게 각인시킬 수 있는 기회를 가질 수 있다. 이러한 맥락에서 평등증진을 의미한 법이 실제로는 여성 같은 정치이방인에게 불평등하게 되었다.

일본의 법은 모든 후보자에게 동등한 기회를 제공해야 한다는 논리를 고수함과 동시에 선거 비용의 최대한도를 제한했다. 한도는 선거구의 인구규모와 선거유형에 따라 다양하다. 예로 2001년 참의원의 선거에서 홋카이도는 약 7,200만엔을 초과하는 최고한도 지역이었으며, 도토리 지역의 상한선은 대략 3,000만 엔 정도였다(http://www.yomiuri.co.jp/election2001/neews/10713_04.html).

이러한 제한뿐만 아니라 기업 또는 개인이 정당에 기부할 수 있는 금액도 법으로 제한되어 있다. 1975년에 개정된 정치자금법 Political Funds Control Law, PFCL은 이를 명시하고 있다. 단체들이 정당 또는 자금조성기구에 기부할 수 있는 최대액은 단체의 크기를 고려해 연 750만엔에서 1억엔까지로 한정되며, 이 액수의 절반만이 개인이나 파벌에게 기부할 수 있다. 개인이 정당이나 자금조성기구에 기부할 수 있는 최대액은 연 2천만 엔이며, 개인이 개인이나 파벌에게 줄 수 있는 최대액은 연 1천만 엔이다. 정당이나 자금조성기구 외에 개인이나 단체는 연 1백50만 엔 이상을 단일 정치단체에 기부할 수 없다. 자금수령자는 각각의 기부금에 대해 보고해야만 한다 Kishimoto Koichi, 1988, 137; Ronald Hrebener ed, 1986. 그러나 대부분의 후보와 정당들은 법을 어기지 않고 이러한 제한을 우회할 수 있는 방법을 찾아낸다. 예를 들어 기업 또는 후원자들은 무료봉사 또는 무료수송을 제공함으로써 후보자들의 공식적 지출 절감을 도울 수 있다. 여성과 같은 정치신인들에게는 종종 이러한 이점이 결여된다.

다양한 종류의 호의에 대한 비공식적인 처리방식은 정당이 제출하는 우스운 정치자금 보고서에서도 나타난다. 일본의 법은 모든 정당들이 그들의 정치자금에 대한 연중 보고서를 내무성에 제출하도록 요구한다. 1986년 내무성에 제출된 보고서에 따르면 일본공산당은 연 2조 370억 엔의 막대한 수입을 올렸고 자민당이 2조 60억 엔으로 뒤따랐다. 공명당(고메이토, Komeito, Clean Government Party)은 1조 28억 엔, 사회당은 850억 엔을 보고했다. 그러나 이러한 보고서는 누구도 믿지 않는다. 일본 대중에게 가장 적은 지지를 받고 있는 것으로 알려진 공산당이 가장 많은 정치자금을 받았다는 것은 터무니없는 것이다. 공산당 지지자들은 일본사회에서 거의 영향력이 없을 뿐 아니라 대부분의 일본인은 공산당의 강한 좌파적 이데올로기 노선에 공감하지 못하기 때문에 공산당은 비공식적으로 정치자금을 모을 수 있는 수단을 거의 갖고 있지 못했다. 공산당이 가장 많은 정치자금을 갖게 된 이유는 정당에 대한 대중적이고 조직적인 지지가 없었기 때문이다. 공산당은 비공식적 기부금도 거의 받지 못했다. 공산당의 자금형성의 대부분은 정당신문인 아카하타(Akahata, 붉은기)의 판매와 당원의 회비에서 나온다. 이러한 현금수익은 합법적으로 숨길 수가 없다. 유사하게 정당정치의 주변부에 있는 여성들은 정상적인 법 절차를 피하거나 법의 허점을 이용한 자금 모집에서 남성들과 동등하게 경쟁할 수 없다. 그러나 공산당 출신의 여성의원이 두드러지는 것은 주목할 만하다.

반대로 자민당의 비공식적 처리방식은 문서화된 기록을 남기지 않는다. 아사히신문(1987. 6. 19)에 따르면 중의회의 자민당 소속의원들은 정부에 의해 지불되지 않는 일부 참모진의 월급비용부터 선거구의 중요 인물들의 장례식이나 결혼식에 참석하는 데 드는 비용까지 포함해서 정치활동을 위해 평균적으로 대략 연간 1억 7천만 엔을 사용한다.[20] 정치자금의 제한으로 의원들은 필요한 비용을 감당하기 위해 보다 느슨하게 규정되어 있는 자금조성활동에 의지해왔다. 대부분의 자금조성행사는 호텔에서 뷔페스타일의 파티로 열린다. 키시모토에 따르면 티켓은 2만에서 3만 엔에 팔린다. 반면에 내가 1990년 참석했던 유명한 여성의원이자 사회당의 총재인 도이 타카코의 자금조성행사는 수수한 유스센터에서 열렸다. 티켓은 키시모토에 의해 보고된 금액의 1/6에 해당하는 5,000엔이었다. 이러한 금액의 차이는 지지자들의 부의 정도에 따른 차이인 것으로 이해된다. 도이의 자금조성파티에 참석했던 대부분이 젊은 여성이나 중년여성이었고 몇몇은 남성당원과 교수들이었다. 이러한 예는 남성정치인과 여성정치인이 모집하는 자금 액수의 차이를 가리킨다. 인기와 지위에 상관없이 여성정치인은 다수의 기부자로부터 큰 자금을 받을 수 있는 정치적 영향력을 거의 가지고 있지 않다. 그들은 기대치가 높은 기부자들의 적은 양의 기부금에 의존했다. 당시 사회당의 총재였던 도이조차도 다른 당의 남성 총재들처럼 쉽게 자금을 끌어들일 수 없었다.

페미니스트 활동가 후나바시 쿠니코 Funabashi Kuniko는 1990년 2월 중의회 선거에서 재정적 압박이 어떻게 후보사퇴를 결정하는 데 핵심역할을 했는지 전하고 있다.

20) 일본 정부는 각각의 의원들에게 두 명의 참모 급료를 지불한다. 이를 초과하는 금액은 의원의 책임이다.

1989년 8월 나는 오차노미즈 대학의 교수로부터 추천을 받아 도쿄 8구역(이 구역은 분쿄쿠, 다이토쿠, 마츠도 지역을 포함한다)의 사회당 중의원 후보로 지명되었다. 이 지역은 별로 진보적이지 못했으며 따라서 사회당의 우세 지역이 아니었다. 남성들은 이 지역에서는 선거에서 질 것을 거의 확신했기 때문에 여성들을 추천하곤 했다. 나는 날카로운 정치적 감각을 지녔거나 정치 경험이 있는 친구들과 이 문제를 상의했다. 카토 시즈에는 내게 자문해 준 사람 중 한 명이다. 당은 내게 선거자금으로 20억엔 정도가 들 것이라고 알려주었다. 그래서 그만두기로 결정했다. 하지만 9월에 나는 몇 년 전 산지인에서 여성당의 후보로서 실패한 요시타케 테루코를 만났다. 그녀는 내게 도덕적 지지를 주었고 여성당이 아니더라도 여성 후보자들을 지원한다고 말했다. 나는 사회당의 여성 부총재인 쿠보타 마나에도 만났다. 쿠보타는 나에게 사회당에서 2천만 엔을 지원해줄 수 있다고 했다. 그래서 나는 입후보하기로 결정했다. 그러나 약 2주쯤 뒤에 다른 여성이 사회당의 중앙지부가 아닌 도쿄지부에 가서 당으로부터의 아무런 재정지원 없이 나의 선거구에서 출마를 희망한다고 말했다. 그녀와 그녀의 남편은 둘 다 의학박사였다. 그 말을 듣고 나는 그만두기로 결정했다. 이 결정의 또 다른 이유는 남성에 의해 후보로 선택되고 싶지 않았는데, 나를 추천한 교수가 남성이었기 때문이다. 나 대신 그 여의사가 출마했지만, 그녀는 떨어지고 말았다(필자와의 인터뷰, 1990. 7. 16).

후나바시 쿠니코가 입후보 포기를 결정한 여러 이유를 제시했지만 재정적 이슈가 가장 결정적인 이유였다. 다른 후보지원자가 자신의 돈을 사용한다고 했을 때 후나바시 쿠니코가 정당 자금을 받는 것을 불편하게 느낀 것은 의심의 여지가 없다. 중요한 것은 후나바시 쿠니코가 사회당이 그 지역에 세력이 없기 때문에 자신에게 그 구역을 맡겼을 것이라고 느낀 것이다. 이것이 함축하고 있는 것은 진보적인 사회당이라 할지라도 정당은 질 것이 확실시되는 취약 선거구를 여성들에게 맡긴다는 것이다. 즉, 정당이 여성후보들에게 개방되어 있는 것처럼 보일지라도 실제로 여성들은 지는 싸움을 하고 있는 것이다.

| 표 4.3 | 참의원에 당선된 여성 후보자 (단위: 명)

연도	1947	1950	1953	1956	1959	1962	1965	1968	1971	1974
SC	10	5	10	5	8	8	9	5	8	8
TC	19	24	28	17	18	15	13	11	15	18
연도	1977	1980	1983	1986	1989	1992	1995	1998	2001	
SC	8	9	10	10	22	13	21	20	18	
TC	36	18	55	82	146	123	124	137	136	

SC: 당선된 여성 후보자 수;
TC: 전체 여성 후보자 수

〈표 4.3〉은 1947년 최초의 참의원선거부터 최근까지 여성정치인 수와 당선율의 감소를 보여준다. 비슷한 현상은 여성중의원들에게도 나타난다. 1946년 첫 선거에서는 78명의 여성후보자들 중에 39명이 당선되었으며 49.4%의 당선율을 보였다. 1986년 선거에서는 35명의 여성후보가 중의회에 출마했지만 7명만이 당선되었다. 7명 중 2명은 사회당, 4명은 공산당이며 1명은 무소속이었다. 300여개의 단일선거구를 중간 크기의 중선거구로 묶어 단순 다수결 득표제와 비례대표제로 총 의원 수가 500명을 넘지 않도록 바꾼 1994년 선거개혁

이후 최초의 1996년 10월 선거까지 여성의 낮은 당선율은 계속되었다. 1996년 10월 선거에서 23명(지역구 7명, 전국구 16명)의 여성의원이 선출되었다. 이는 선거개혁 직전인 1993년 7월 18일에 실시된 선거의 14명에 비해 비약적으로 늘어난 수치였다. 23명 중에 4명(지역구 2명, 전국구 2명)의 여성만이 자민당 소속이었다. 그 다음 선거인 2000년 6월 선거에서 300명이 단순 다수결투표에 의해 당선되었으며 나머지 180명은 비례대표제에 의해 당선되었다. 그 중 여성은 35명(지역구 13명, 전국구 22명)이었다. 그러나 많은 출마한 여성의 수에 비해 여성 당선율은 다소 빈약했다. 1996년에는 153명의 여성 후보 중에 단지 15%만이 선출되었다. 전체적으로 여성의 당선비율은 여전히 낮으며 이는 여성이 의석을 획득하는 것이 어렵다는 것을 보여준다. 더군다나 1955년 이래 가장 큰 정당인 자민당은 여전히 적은 수의 여성의원만을 보유하고 있다. 2000년에 자민당은 271명의 지역구 후보자들 중에 여성은 단지 5명만을 공천했으며 그 중 4명이 당선되었다. 비슷하게 326명의 비례대표후보 중에 여성 후보는 단지 6명이었으며, 그 중 3명이 당선되었다. 그 후 군소정당의 여성의원들이 자민당에 입당하여 2002년 5월에는 자민당의 241명의 의원 중에 10명의 의원이 여성이었으며, 이는 당 전체 의석의 4%에 해당한다.

가장 흥미로운 현상은 양원에서 선출된 여성의원의 수가 입후보한 여성의 수에 상관없이 고정되어 왔다는 것이다. 이것은 두 가지를 보여준다. 하나는 정당이 당의 우세 지역구에 여성후보를 공천하지 않는다는 것이다. 그리고 다른 하나는 공천 그 자체는 재정적 지원이 동반되지 않는 한 여성의 당선과 거의 관계가 없다는 것이다.

7
"1.5" 정당 시스템의 등장 : 55년 체제

'one and one-half' 혹은 55년 체제로 알려져 있는 현재 일본 정당 시스템은 여성의 정치참여에 간접적으로 영향을 끼쳐 왔다. 당내 파벌간 세력투쟁이 후보선발에 결정적 요인이 되면서 파벌의 연합인 자민당의 형성은 여성의 정치 진출을 더욱 어렵게 하는 정치환경을 만들어냈다. 나는 55년체제에 대해서 그리고 그것이 여성의 정치참여에 어떤 영향을 끼쳤는지 논하고자 한다.

1947년 4월 양원 선거에서 일본의 정치무대는 파편적이고 다양해 보였다. 그래서 어떤 단일 정당도 절대다수당으로 떠오르지 못했다. 중의회에서 민주당은 121석, 자유당은 131석, 사회당은 143석, 공산당은 4석, 협동당은 29석을 얻었다. 비록 적은 차이였지만 일본역사상 사회주의자들이 절대다수 의석을 차지한 순간이었다. 그러나 카타야마 센 내각은 18개월밖에 지속되지 못했다. 잇따른 1949년의 선거에서 사회주의자들은 처참하게 패배하여 중의회의 466석 중 단지 48석을 얻는 데에 그쳤다. 자유당이 264석을 차지하며 압도적인 승리를 차지했다.

이러한 대중의 지지 변화의 여러 요인 중 가장 중요한 것은 미군정의 역逆정책이었다. 상당히 흥미있는 것은 공산주의자들이 더 좋은 대우를 받았다는 것인데 35석을 차지해 지난 선거의 4석보다 9배에 이르는 성과를 이루었다. 뒤따르는 선거에서 좌파정당은 자유당과 같은 보수정당의 압도적인 우세에 의해 의회에서 밀려나면서 빈약해졌다.

의회를 다시 장악하려는 희망 아래 사회당의 좌파와 우파는 1955년 10월 통합했다. 농민당도 사회당에 참여했다. 불운한 연합의 움직임에도 불구하고(게다가 사회당은 다음 해에 재분열되었다) 잠재적으로 표를 결속시키는 행위는 보수주의자들에게 경종을 울렸다. 보수주의자들은 이 위협에 대응해 사회당 통합 한 달 뒤인 1955년 11월 연립정당인 자민당을 만들었다 Junnosuske, 1998.

새롭게 결성된 자민당은 민족주의자들과 자유주의자들 모두가 내부 파벌에 의해 이미 분열되어 있었다는 점에서 파벌 연합 이상은 아

| 표 4.4 | 1944년부터 1955년까지의 선거에서 정당별 중의회 의석

	민주당 (DP)	자유당 (LP)	사회당 (JSP)	노동자농민당 (LFP)	공산당 (JCP)	협동당 (CP)	소수당 (MP)	무소속 (IND)	합계
1947	121	131	143		4	29	25	13	466
1949	69	264	48	7	35	14	17	12	466
1952	85	240	111*	4	0		7	19	466
1953	76	234@	138*	5	1		1	11	466
1955	185^	112^	153*	4	2		2	6	467

주: LFP: 노동자-농민당 Labor-Farmer Party

MP: 소수당 minor parties

* 사회당은 좌익과 우익의 두 파로 나뉘었는데 1955년 선거 이후 합병했다.

** 자유주의자들은 사회주의자들과 비슷한 문제로 인해 두 파벌로 나뉘었다.

*** 민주주의자들과 자유당의 작은 파벌들이 합병하여 민주당을 만들었다. 자유주의자들의 더 큰 파벌들은 자유당에 남아 있었으며 1955년 선거에서 112석을 확보하였다. 빈 칸은 정당이 아직 형성되지 못했거나 없어졌거나, 후보를 내보내지 못한 경우이다.

출처: 자치성 Jachisho(1986. 7. 6)

니었다. 그들의 최우선 목표는 다른 파벌을 능가하는 정치세력을 갖는 것이었다. 그럼에도 불구하고 자민당은 창당 이래 개혁의지를 가진 탈당자들이 그들 자신의 당을 결성했던 1990년대 중반의 짧은 시기를 제외하고는 의회를 계속 장악해 왔다.

〈표 4.5〉는 1958년부터 1990년까지의 자민당과 사회당 두 주요 연립정당의 의석분포를 나타낸다. 1950년대 후반 민주사회당이 모체정당으로부터 분리되면서 취약함의 징후가 나타나기 전까지, 사회당은 이전 선거들과 비교해 볼 때 1995년 연합 이후의 최초 선거에서 꽤 좋은 결과를 내었다. 다른 야당들, 즉 일본공산당과 공명당은 그 기간 동안 의회 구성에 거의 영향을 주지 못했다. 〈표 4.5〉에서 가리키는 것처럼 자민당은 1983년 총선에서 최악의 결과를 얻었지만 여전히 모든 야당의 의석 수를 합친 것보다 더 많은 수의 의석을 차지했다. 공산당은 대중적 지지에도 불구하고 중의회에서 계속 5% 미만의 당선율을 보였다. 공산당 후보가 가장 많이 당선되었던 때는 타나카 수상이 록히드사로부터 뇌물을 받아 기소된 직후 실시된 1979년 총선으로, 511석 중 8% 미만인 39석을 획득했다.

1964년 소카 가카이라는 종교집단을 정치적 무기로 설립된 공명당은 의석 수와 대중적 지지에 있어서 공산당을 넘어섰다. 상대적으로 짧은 역사에도 불구하고 그들의 성공은 확립되지 않은 정치집단도 유권자들에게 어필할 수 있고 영향력 있는 정당이 될 수 있다는 것을 보여준다. 그러나 공명당은 정치적으로 자민당과 유사한 관점을 가지는 경향이 있다. 공명당이 자민당과 정치적으로 비슷한 점 중 하나는 여성의원에 대한 관점이다. 공명당의 여성당원에게 어느 정당에서 후보로 출마하길 원하냐고 질문했을 때 그녀는 주저 없이 자민당 후보가 되겠지만 다른 정당들은 아니라고 응답했다. 그 이유는 주요 이슈에 있어서 공명당의 정치적 관점이 자민당과 매우 비슷하기 때문이라는 것이다(필자와의 인터뷰, 1990. 8. 8). 사회적으로 배척된 집단으로 구성된 이 정당의 특성을 보면 그 응답은 놀랄 만하다. 당원의 대부분이 택시기사, 미용사와 같은 자영업자들로, 그들 대부분은 최근에 시골에서 이주해 온 사람들이다. 도시로 이주한 지 얼마 되지 않은 데다 자영업이라는 지위 때문에 그들 대부분은 큰 기업과 같이 확립된 단체와 일체감을 가질 수 없었다. 여하튼 공명당을 야당 중의 하나로 간주한다 해도 야당의 모든 의원 수는 자민당에 필적할 수 없다.

1955년 연합 이후 정당들이 많은 변화를 겪었음에도 불구하고 전체적인 구성은 그대로 유지되었다. 1970년대 중반 타나카를 구속시킨 록히드 스캔들이 널리 알려졌지만 여당의 토대는 약화되지 않았다. 스캔들 이후 일부 자민당 당원들이 탈당하여 신자유클럽 New Liberal Club이라는 '부패 없는 corruption-free' 당을 형성했지만 스캔들 바로 다음 선거에서도 자민당의 독주는 계속되었다. 〈표 4.5〉는 1955년 정당 재편성 이후 자민당의 우위를 증명하며, 나머지 정당의 지위가 영원한 야당이자 반쪽 정당임을 보여준다. 보수주의자들에 의한 이런 끊임없는 지배가 많은 학자들이 일본 정치시스템을 "one and one-half" 정당 시스템이라고 부르는 이유다.

많은 정치 분석가들이 자민당의 독주가 부분적으로는 자민당이 많은 파벌로 구성되어 있기 때문이라고 주장한다. 즉, 정당 전체가 심하게 흔들려도 각 파벌 추종자들의 충성심은 변하지 않기 때문에 이

| 표 4.5 | 정당별 중의회 의석 수

	자민당 (LDP)	일본사회당 (JSP)	공명당 (CGP)	일본공산당 (JCP)	소수당 (MP)	무소속 IND	N
1958	287	166		1	1	12	467
1960	296	162(17)		3	1	5	467
1963	283	167(23)		5	0	12	467
1967	277	170(30)	25	5	0	9	486
1969	288	121(31)	47	14	0	16	486
1972	271	137(19)	29	38	2	14	491
1976	266(17)	152(29)	55	17	0	21	511
1979	252(4)	144(37)	57	39	0	19	511
1980	296(12)	142(35)	33	29	0	11	511
1983	258(8)	153(41)	58	26	0	16	511
1986	306(6)	115(30)	56	26	0	9	512
1990	285	157(18)	46	16	1	7	512

주) 모체 정당으로부터 분열된 정당은 대부분 의사결정에 협력하고 주요사항에 대해 비슷한 관점을 공유함으로써 모체정당에 포함된다. 예를 들면 타나카 사건 이후로 형성된 신자유클럽은 자민당에 속했다. 마찬가지로 민주사회당과 사회민주당은 사회당에 포함시킨다. 괄호 안의 숫자들은 그렇게 분열된 정당들이 획득한 의석수를 의미한다.

출처: 자치성 The Ministry of Self-Government, Jichisho, Election Boared, 1990.

미 기반이 확립된 파벌은 어떠한 영향도 받지 않는다. 정당이 아닌 후보에게 투표하는 일본인들의 투표경향을 보면 이러한 주장은 어느 정도 설득력이 있다 Ike, 1957, 194-196. 자민당의 계속되는 지배가 여성 정치인에게 끼친 영향은 보수당이 여성후보를 모집하는 데 최소한의 노력만을 보인다는 점에서 의미가 있다. 보수주의자들이 여성후보를 꺼리는 이유는 젠더역할에 대한 그들의 전통적인 관점 외에 당내 파벌 세력 투쟁과 많은 관련이 있다. 이 이슈는 일본의 정치시스템 틀 내의 여성 정치인에 대한 다음의 논의에서 좀 더 자세히 다루어질 것이다.

8
일본 정치의 특징

자민당은 1955년 보수정당의 연합 이래 1989년 참의원 선거를 제외하고는 야당의 위협에 거의 직면하지 않았다. 1989년 참의원선거에서 야당은 연합하여 과반수 의석을 차지했다. 이 '준 위협 quais-threat'은 참의원 선거 네 달 뒤인 1990년 2월 중의원 총선거에서 자민당의 상대적 성공으로 다소 완화되었다. 어떻게 자민당이 독주를 유지할 수 있었을까? 일본 정치의 어떤 요인과 요소들이 민주적 정치시스템 안에서 일당지배라는 비정상적인 현상에 기여하는가? 그리고 이러한 요소들이 정치가가 되고자 하는 여성들에게 어떤 영향을 미치는가?

카반(Kaban), 캄반(Kamban) 그리고 지반(Jiban)

카반, 캄반, 지반은 일본 저널리스트들과 일본인들이 말하는 당선의 세 가지 방 ban이다. 카반은 돈을 뜻하며 캄반은 개인의 배경, 특히 교육적 배경(캄반을 번역하면 간판을 말한다)이며, 지반은 근본이다. 대부분의 일본인은 이 세 가지 '방'이 정치 성공의 가장 중요한 세 가지 요소라는 것을 이해하고 있다. 20세기 일본정치인들의 카리스마 부족이라는 관점에서 보면 이러한 인식은 어느 정도의 유효성을 가진다. 일본의 정치인들이 카리스마 같은 개인적 특성이 부족하거나 모두 같기 때문에 이 세 가지 객관적 요소가 정치적으로 성공하는 데 지배적인 요인으로 작용하는지도 모른다.

비록 일본지도자들이 선출되었다 할지라도, 그들은 주요 정치이슈에 대한 발표 또는 웅변술에 의존하는 경우가 거의 없다. 그 대신에 자금을 모으고 교묘한 책략을 쓰는 능력에 따라 정치적 성공이 주로 결정된다. 스칼라피노와 마수미는 일본 정치의 특징을 "일본은 닫힌 요소들로 구성된 열린사회가 된다는 역설"(1962, 153)에 있다고 간결하게 요약하고 있다. 자금을 모금하는 능력은 문벌이 좋은 사람에게 한정된다. 카반의 문자 상의 뜻은 '서류가방'이다. 서류가방은 완곡하게 '돈'을 지칭한다. 정치가로서 성공하기 위해서는 자기 서류가방을 가지고 있거나, 부유한 개인이나 기업의 서류가방에 접근하는 방법을 알고 있어야 한다. 후보자가 사무실을 얻으면 그 자리 자체가 돈을 끌어들이는 메커니즘이 된다. 고위정치인은 주요 기부자들과 정치적 청탁으로서 정치자금을 주고받는다. 자민당 당원과의 인터뷰에서 그들은 정치자금을 위한 엄청난 규모의 정치청탁에 대해 증명했다. 정치청탁은 선거구민에 대한 공·사적인 서비스를 포함한다. 예를 들어 1990년에 선출된 자민당의 여성참의원인 모리야마 마유미 Moriyama Mayumi는 필자와의 인터뷰에서 선거구민들을 위해 '모든 종류의 것들'을 했다고 밝히고 있다. '모든 종류의 것들'에 대한 그녀의 대답에는 공공서비스와 개인적 청탁 모두가 포함되어 있었다. 선거구를 위해 다리를 짓고, 선거구민 개개인을 위해 직업을 찾아보는 것이 그녀가 말한 '모든 종류의 것들'의 예였다(필자와의 인터뷰, 1990. 7. 18). 나타니엘 세이어 Nathaniel Thayer는 자민당의 파벌 지도자들이 그들의 정치적 패권을 어떻게 유지하는지 도표로 제공하였다.

> 나카소네 Nakasone는 도시와 촌락으로부터 새로운 시설이나 기존 시설의 보수를 위해 정부로부터 자금을 받을 수 있게 도와달라는 요청을 받았다. 예를 들어 도로포장, 다리건축, …… 고등학교 새 체육관이나 철도역…… 나카소네는 그의 선거구민이 반대하는 정부의 계획안을 중지시키도록 기대되었다. 그 예로, 건설성이 아가츠마 강을 가로지르는 얌바댐의 건설 계획을 발표했을 때를 들 수 있다. 댐 건설 계획은 마을의 일부가 물에 잠길 위기에 처하게 되었기 때문에 나가노하라 Naganohara에서 상당한 논쟁을 불러일으켰다. 그들은 나카소네가 자신들을 대변해 주기를 바랬다. 나카소네에게는 그의 이름을 걸고 공동체의 기능을 위한 재정적 지원을 받는 것이 기대되었다. 그 예로, 토미오카 Tomioka의 청년상공회의소가 강당건축계획을 세웠을 때 정부는 자금을 대주지 않을 것이기 때문에 청년상공회의소의 회원들 Jaycees은 몇 번의 무대공연에 의한 서명을 통해 기금을 모금하자고 했다. 이것은 나카소네가 도쿄에서 연예인을 섭외하는 데 달려 있었다……. 나카소네는 시민 개개인에게 서비스를 무제한적으로 제공하도록 요구받았다……. 그는 자동차 사고 발생시 변호사로 봉사했다. 그는 선거구민의 아이들이 졸업해서 좋은 직업을 얻도록 도와야만 했다 Thayer, 1969, 94~95.

정치인들은 선거구민들의 모든 종류의 개인적인 청탁을 들어주어야 했다. 그리고 청탁을 들어준 대가로 유권자들은 그들의 소중한 한 표를 그 정치가에게 던졌다. 이러한 공생 관계는 일본 정치를 '후견인-피후견인 Patron-Client' 관계 혹은 '정부 보조금 pork barrel' 정치라고 묘사하는 분석의 기초가 된다 Richardson and Flanagan, 1984.

〈표 4.6〉과 〈표 4.7〉은 권력과 정치자금 조성능력 정도의 상관관계를 설명하고 있다. 표에서 보듯이, 여당은 가장 큰 정치기부금 세이지 켄킨(seiji kenkin, 정치 헌금)의 수령자이다. 이 수치는 단지 공식적인 기부만을 나타내고 있다.

| 표 4.6 | 1984년 기업이 기부한 정치자금

(단위: 100만 엔)

순위	기업	자민당(LDP)	사회당(DSP)	신자유클럽 (NLC)
1	미츠비시 은행(Mitstubishi Bank)	75.74	6.39	1.60
2	신 일본 철강 (Shin Nippon Steel)	75.50	6.00	1.00
3	후지 은행 (Fuji Bank)	70.88	6.79	1.44
4	미츠비시 중공업 (Mitsubishi Heavy Industry)	67.20	9.94	1.60
20	밋스이 은행(Miysui Bank)	57.87	5.08	1.27

출처: PFCL 1984 보고서, 1985. 9. 3.; 재인용 R. Hrebenar 1986, 61 .

| 표 4.7 | 1984년 정당 수입의 일반적 출처

(단위:%)

정당	기업기부	당비	사업수익	기타	대출
자민당(LDP)	72.4	15.4	11.7	0.6	
신자유클럽(NLC)	53.6	6.3	20.9	19.1	
민주사회당(DSP)	37.6	16.2	22.8	23.4	
사회당(JSP)	2.1	32.2	47.1	14.9	3.7
공산당(JCP)	1.2	5.2	91.9	1.6	
공명당(CGP)		8.7	83.4	7.9	

자료: PFCL 1984 보고서, 1985. 9. 3.; 재인용 같은 책, 58.

표에서 관찰한 바와 같이, 자민당의 가장 큰 자금원은 기업이다. 반면에 전후 의회 역사에서 가장 많은 여성정치인을 배출한 사회당은 정당세입의 2.1%만을 기업으로부터 모금하였다. 비슷하게 모든 정당 중에서 가장 높은 여성의원 비율을 보이는 공산당(거의 40% 정도의 의원들이 여성이다)은 정당 수입의 단지 1.2%만을 기업의 기부에서 충원할 수 있었다. 여성정치인의 비율이 높은 이 두 정당은 자민당만큼 많은 돈을 끌어들이지 못했다. 이러한 무능력은 자연스럽게 여성이 정치인으로 성공할 수 있는 기회에 장애가 되었다.

여성에게 호의적인 정당들의 재정 압박에 더해, 아이린 칼베르그 Eileen Carlberg, 1976, 237는 기업체들이 여성후보에 대한 지원을 꺼리는 이유는 여성후보들이 정치적 청탁을 주고받는 것을 좋아하지 않기 때문이라고 보고한다. 여성들과 같은 포부 있는 정치가들은 충분한 정치자금 없이 정당의 공천을 받기가 쉽지 않다. 여성은 다음과 같은 악순환을 겪는다. 정치적 경험 없이는 정당의 추천을 받을 수 없고, 정당의 공천 없이는 정치자금을 모을 수 없다. 그리고 정치자금 없이는 당선될 수 없고, 당선되지 못하면 정치적 경험을 쌓을 수 없다. 그러므로 여성들은 문화적으로뿐만 아니라 구조적으로도 불리한 입장에 놓여 있다. 공산당과 사회당은 기업들로부터 많은 양의 정치자금을 모을 수 없기 때문에 이 정당들은 개인적인 정치자금이 없는 후보자는 공천할 수 없다. 더군다나 공산당은 여성들을 포함한 후보들에게 재정적 지원을 한다고 알려져 있음에도 불구하고, 대중은 공산당의 강한 이데올로기적 입장 때문에 당과 후보들에게 의심의 눈초리를 보낸다. 따라서 여성후보에 대한 야당의 호의와 지원은 여성의 국회 진출과 관계가 없다.

카반과 관련되어 있는 지반은 '근본 혹은 기초'이다. 대부분의 일본정치인들은 그들의 출신지를 대표할 것인지 조상들의 근원지를 대표할 것인지 선택한다. 자민당의 모든 정치인은 각자의 지원 단체인 코엔카이(Koenkai, 후원회)를 가지고 있다. 코엔카이는 1945년 이후 정치무대에 나타난 새로운 현상이다. 미군정이 구舊정치 리더십과 그들의 독점적 힘을 추방함으로써 정치네트워크가 깨어진 지역에서 코엔카이는 정당의 비공식적 지부로 기능한다. 자민당이 지반 차원의 작은 정당기구 없이 전국 차원에서 조직되었기 때문에, 각각의 자민당 의원들은 자신들만의 지지집단을 만들어냈다. 타케츠구 츠투타니 Taketsugu Tsututani, 1977, 85에 따르면 "그렇기 때문에 대부분의 지역당원들은 정당의 지지자들이 아니라 그의 지지자들이다"라고 말했다. 세이어는 코엔카이의 기능에 대해 생생하게 묘사하고 있다.

코엔카이는 지역사회에서 사회적이고 문화적인 역할을 한다. 이러한 역할은 특히 아야메 클럽 Ayame Club의 경우에 뚜렷하게 드러난다.[21] 그들의 활동은 거의 대부분 사회적인 것이다. 포크댄스, 여행, 재봉교실, 요리학교 같은 것을 후원한다. 나카소네는 아야메 클럽의 신문에 연두기사로 민족주의와 가족관계가 혼합되어 있는 황실의 또 다른 왕자의 탄생에 대해 축하하는 글을 썼다.— 텔레비전의 출현에도 불구하고 일본의 촌락들은 고립되어 있다. 코엔카이는 지역사회 활동의 중심점 역할을 한다. 결국 코엔카이는 지방정치의 기초적인 정치기관으로서 자리 잡았다. 정당기관은 거의 현縣 중심 아래로는 파생되지 않는다. 비록

21) 아야메 클럽 Ayame Club은 나카소네 전 수상이 다양한 활동을 위해 만든 지역조직이다.

정당의 지부가 변방에 설립되더라도 이는 같은 의회의원의 코엔카이의 부분이다. 소가 야시하루 Soga Yashiharu는 "정당 지부가 존재하지만 보통 그것은 이름뿐이다. 정당의 간판 뒤를 보면 당신은 누군가의 후원회를 발견할 수 있다"라고 말한다 Thayer, 1969, 97.

따라서 코엔카이는 지반을 확립하고 유지하는 데 필수적인 요소이다. 지반의 중요성은 1990년 선거에서 섹스스캔들로 수상 사임 압력을 받았던 자민당의 우노 소스케 Uno Sosuke가 이전 선거보다 더 안정적으로 많은 표를 받아 당선된 것으로 증명된다. 당선을 위해 그의 코엔카이가 그의 지반을 유지하려고 엄청난 노력을 기울여야 하는 것은 의심의 여지가 없다.

코엔카이를 유지하기란 쉬운 일이 아니다. 예를 들어 1989년 카이후 Kaifu 내각의 전직 임시장관이었던 여성 참의원 모리야마 마유미 Moriyama Mayumi는 인터뷰에서 "나에게는 만 명 정도의 고정적인 코엔카이 회원들이 있으며 그 수는 선거기간 동안 열 배로 늘어난다"(필자와의 인터뷰, 1990. 7. 18)고 말했다. 선거기간이 아닐 때 그들은 월간 소식지 배달과 선거구민들 사이의 연락을 맡는다. 모리야마가 결코 힘없는 정치가는 아니지만, 당내 가장 영향력 있는 파벌에 속해 있지도 않았다. 모리야마와 같은 덜 영향력 있는 인물의 코엔카이 수치를 보면, 우리는 얼마나 많은 후원회들이 더 힘 있는 정치가들을 위해 일하는지 추측해 볼 수 있다. 세이어는 나카소네의 많은 클럽들 중 하나인 스미레 클럽 Sumire Club의 대표자에게 그들의 노력이 가치가 있는지 물었다. "그는 나를 의심스러운 눈초리로 쳐다봤다. '만일

내일 선거가 있는데 우리가 선거준비를 하지 못했더라도, 6만5천 명이 나카소네를 위해 투표하러 갈 것이다'" Thayer, 94.

코엔카이는 광범위한 기능을 담당한다. 코엔카이는 정치인과 선거구민과의 끊임없는 커뮤니케이션을 유지해 주고, 선거구민들의 개인적인 요구를 살피며, 할 수 있는 한 대중적 문제들을 처리한다. 정치인들이 집무실에서 선거구에서 온 손님을 하루 평균 오십여 명 만나는 것은 예사로 있는 일이다. 일반적으로 일본인은 사건이나 이슈에 대해서 정당에 말하기보다는 바로 의원에게 요구하기 때문이다. 그런즉 일본인이 정당에 투표하는 것이 아니라 인물에 투표하는 것은 결코 놀랄 일이 아니다.[22)]

캄반의 뜻은 '간판'이며 한 사람의 배경을 말한다. 한 사람의 캄반은 그 사람의 사회적이고 교육적인 지위를 광고한다. 캄반의 가장 중요한 요소는 그 사람이 졸업한 학교의 이름이다. 의회의원들의 학력을 살펴보면 명문학교에 가는 것이 얼마나 중요한 지 알 수 있다. 2002년 중의회(477명)의 대략 22%(104명)가 도쿄대학을 졸업했고 이어서 10%(48명), 9.4%(45명)가 와세다대학과 게이오대학 출신이었다. 또한 자민당 의원의 출신 대학의 가장 큰 비율이 도쿄대학과 와세다대학 같은 명문대였다. 예를 들어 1988년에 거의 30% 정도의

---

22) 로천 Thomas Rochon은 일본 투표자들과 정당 사이에 약한 결속 만이 존재하며, 개개의 정치인과는 상당히 강력한 연계를 맺는 경향이 있음을 발견했다. 1967년 선거에서 일본 투표자들의 60.4%는 후보에 근거하여, 25.4%는 정당에 근거하여, 14.3%는 이슈에 근거하여 투표했다. T. Rochon. "Electral Systems and the Basis of the Vote: The Case of Japan", John C. Campell ed., Parties, Candidates and Voters in Japan. 1981.
Nathaniel Thayer. 'How The Conservatives Rule Japan' 참조.

자민당 중의원들이 도쿄대(302명 중에 89명) 출신이었으며 17%가 명문사립 와세다대학을 졸업했다. 반면에 자민당 의원의 0.7% 미만만이 기술학교 이하의 학력을 가지고 있었다. 1992년 나카소네 야스히로 Nakasone Yasuhiro, 아베 신시치 Abe Shinshichi, 미야자와 키이치 Miyazawa Kiichi, 코모토 토시오 Komoto Toshio 같은 대부분의 자민당 주요 파벌지도자들이 도쿄대학 출신이었다. 타케시타 노보루 Takeshita Noboru는 와세다대학 출신이었다. 달리 말하면 제대로 된 연고 없이는 파벌지도자가 될 수 없다. 이러한 연고는 보통 정치적 이데올로기나 이슈보다는 개인적 배경의 유사성에 의해 좌우되며, 교육은 그러한 동일시와 연대성을 잇는 가장 중요한 기초가 된다.

그러나 야당에서는 교육적 배경이 그만큼 중요하지 않다. 보수적인 공명당 혹은 좌파성향의 사회당이나 공산당은 그들의 일원을 명문대학에서만 유입하지 않는다. 그들의 교육적 배경은 도쿄대학에서부터 기술학교 미만의 학력까지 넓게 분포되는 경향이 있다. 특히 공산당에는 도쿄대학 졸업자들만큼 기술학교 미만의 교육을 받은 이들도 많다. 공산당의 이러한 포괄성은 평등주의라는 당의 이데올로기에 기초하고 있다. 그럼에도 불구하고 공산당의 경우 대중적 지지의 결여(2002년 중의원 의석 수의 단지 4%밖에 차지하지 못했다)라는 관점에서 일본정치에서는 그러한 포괄성이 차라리 비정상적인 것으로 이해되어야 한다. 공명당은 1970년대 초까지 모든 후보들을 소카 가카이라는 종교집단 안에서 모집했다는 점, 소카 가카이의 대다수가 일본사회에서 뿌리 뽑혀진 주변부 출신이라는 점에서 흥미롭다. 이것은 정당의 간략한 교육적 배경을 보여준다.

여당과 야당 사이에서 이러한 교육적인 배경에 대한 불일치는 좋은 간판을 갖는 것이 여당에 들어가는 데 얼마나 중요한지를 증명한다. 카반, 캄반, 지반, 이 세 가지 요소들은 전체 네트워크의 손상 없이는 분리되지 않는 단단한 네트워크를 형성한다. 그 형태가 어떤 이유에서건 손상되었을 때, 그것의 복구는 엄청난 작업을 요한다.

9
정치시스템 틀 안에서의 여성정치인과 정치시스템의 특징

1993년 이전의 중선거구제와 결부된, 고착화된 정치시스템 속에서 지배정당이라는 지위와 자민당의 파벌구성은 자민당 후보들에게 당내 경쟁에서 이기는 것이 가장 큰 어려움이 되는 상황을 만들었다. 당내의 분쟁은 매우 심해 어떤 파벌도 여성을 중선거구제의 중의회후보로 내세우는 위험을 감수하려 하지 않았다. 1955년 자유당과 민주당의 연합 후에 자민당 내에 많은 파벌이 생겼고, 여성정치인에 대한 여당의 보수주의가 보다 가시화되었다. 〈표 4.8〉에서 보이듯이 자민당이 공천한 여성의 수는 많은 유사 스캔들의 시작인 1975년 록히드 스캔들 이후에 자민당이 여성에게 출마 기회를 주는 것을 점점 더 꺼리게 되었다는 것을 보여준다. 자민당이 가장 높은 당선율을 보인

1986년에 자민당은 어떤 여성도 공천하지 않았다. 이런 현상은 특히 록히드와 리쿠르트 스캔들과 같은 비리로 당이 비난받을 때 파벌세력을 강화해줄 수 있는 확실한 후보를 고수함으로써 더욱 견고해진다. 이어지는 일련의 스캔들에 대한 이미지 쇄신을 시도했던 1990년 총선거에서 자민당은 한 명의 여성후보도 공천하지 않았다. 당은 선거 5일 전에서야 뒤늦게 두 명의 무소속 여성후보를 영입했다. 파벌의 지지가 없었던 영입 후보들은 후보자에 대한 동등한 공약이나 지지를 당으로부터 받을 수가 없었다. 그 결과로 뒤늦게나마 보수당의 지원을 받아내었던 여성후보자는 중의회에서 한 명도 선출되지 못했다.

소선거구제와 비례대표제의 혼합으로 선거시스템이 변화하면서 자민당 당내 경쟁은 다소 완화되었다. 그것이 경쟁이 사라지고 있다는 것을 말하지는 않는다. 단지 정당 후보들이 동일 선거구 내에서 경쟁할 필요가 없기 때문에 파벌경쟁은 간단하게 다른 형태를 취하게 되었다.

대조적으로 사회당은 1990년에 당의 여성지도자인 도이 타카코 Doi Takako의 리더십 아래 사상 유래 없이 많은 여성 후보자들의 성공을 축하할 수 있었다. 야당은 여당의 부패를 효과적으로 이용할 수 있었던 반면 자민당은 파벌 투쟁에 의해 점점 분열되었다. 항상 자신의 파벌세력을 유지하려는 관심은 당 위기시에 보다 두드러진다. 자민당의 어떠한 파벌지도자도 위기의 순간에 모험하려 하지 않기 때문에, 정당보다 파벌을 우선시하게 된다. 이 사실은 여성정치인에게 역효과를 가져왔다. 파벌들은 지역구에 지반을 확립한 후보자들을 보냄으로써 안정을 우선시하는 태도를 보였다. 정치인의 부정적인

| 표 4.8 | 중의회에서의 자민당 여성후보자 수

(단위 : 명)

연도	1958	1960	1963	1967	1969	1972	1976	1979	1980	1986	1989	1990	1993	1996	2000
TN	5	5	4	5	4	4	4	1	1	1	0	0	2	10	11
WN	3	2	2	3	3	2	1	1	0	0	0	0	1	4	7

TN: 전체 후보자 수, WN: 당선된 후보자 수

대중적 이미지도 강력한 지반을 가진 지역구에서는 당선에 거의 영향을 주지 않는다는 생각이 정치인들의 밑바닥에 깔려 있는 가장 깊은 가정이다. 선거의 결과는 이러한 정당의 가정을 입증한다. 다시 말하면, 여당이 여성에게 정치기회를 주지 않는 이유는 여성에 대한 반감이라기보다는 당내 파벌지도자들이 그들의 세력 강화 확장에 집중해야 하는 일본 여당의 특수한 구성조직때문이다. 이러한 관례가 가능했던 것은 일본의 유권자들이 정당의 역할은 별로 주목하지 않은 채 잘 알려지고 친근한 후보자에게 지지를 보내기 때문이다. 다른 기여 요인은 한 지역에서 3~5명의 후보를 선출하는 중선거구제이다. 정당, 특히 자민당은 허용되는 한 많은 의석을 확보할 목표로 다수의 후보를 공천했다. 이러한 상황에서는 같은 당의 후보자들끼리 경쟁이 심하기 때문에 유권자들은 당보다 후보자를 우선한다. 더욱이 유권자들이 후보자가 그들이 지지하는 정당의 지지를 받고 있으면 그 후보를 지지하는 것은 아주 당연한 일이다. 그러나 1994년 선거개혁 이후의 선거들에서 증명되었듯이, 이 상황은 소선거구제에서 한 정당의 한 후보만을 선출하게 되자 바뀌었다.

1994년의 선거개혁으로 전체 의원 수는 처음에는 512명에서 500명으로, 후에는 다시 480명으로 줄었다. 선거구들은 300석의 소선거구제와 180석의 비례대표제(1996년 이전에는 200석)로 나뉘었다.

1994년의 선거개혁은 파벌경쟁과 여성후보에 대한 선거시스템의 영향을 강조함으로써 여성후보자에게 다소 호의적인 상황을 만들었다. 개혁 직후 실시된 1996년 선거에서 자민당은 10명의 여성후보를 지지했는데, 이는 1993년 이전 선거의 2명에 비해 획기적인 도약이었다. 비슷하게 11명의 여성들이 2000년 중의원선거에서 출마하였다. 정당의 지원으로 1996년에는 4명의 여성(지역구 4명, 비례대표 3명)이, 2000년에는 7명의 여성이 의회에 진출했다.

1955년 보수연합은 1955년 이전의 보수정당보다 여성후보에 더 적대적이지는 않았지만, 그 연합이 여성후보들에게 도움이 되지는 않았다. 1955년 연합 이후에도 보수진영의 여성후보 수에는 변화가 없었다. 자민당이 형성된 이후 첫 선거인 1958년 선거에서 자민당은 보수진영이 1955년 선거에서 공천한 여성후보 수와 동일한 수의 여성후보를 공천하였다. 비록 연합 이후 연립정당은 야당에 대해 훨씬 더 성공적인 경쟁을 할 수 있게 되었지만 자민당은 여성의원을 조금도 증가시킬 수 없었다. 사실 종합된 자료 결과를 보면 1993년의 선거제도 개혁에 따른 당내 경쟁이 완화되기 전까지는 자민당의 연합은 여성후보에게 도움이 되기는커녕 그 반대로 많은 불이익을 초래하였다.

10
결론

일본 정치시스템과 일본문화와의 관계를 보면 여성의 낮은 대표율에 대한 이해가 그리 어렵지 않다. 여러 파벌로 형성된 하나의 정당에 의한 지배 아래 작동하는 다층적인 정치시스템이 정치에서의 여성의 성장을 이끌지는 않는다. 언급한 바와 같이 자민당 내부의 파벌정치는 후보자가 당내의 후보자들과 경쟁하는 선거시스템에 의해 더 악화되었다. 이러한 정치적 상황에서 어떠한 파벌지도자도 당선이 매우 어렵게 보이는 후보들, 예를 들어 여성, 즉 덜 유력한 후보들을 공천하는 위험을 감수하려 하지 않았다. 비록 1994년 선거시스템 개혁 이후 상황이 어느 정도 개선되었지만, 젠더 역할이 고착화된 비협조적인 문화는 여성의 정치적 성공을 위한 주요한 돌파구가 되는 정치시스템의 변화를 막고 있었다. 정치적 성공을 위한 중요한 세 가지 요소인 지반, 캄반, 카반에는 일본 남성에 대한 편견이 있다. 이 세 가지 요소는 광범위하게 보면 문화의 산물이다. 일부 여성의원들이 그 느낌을 어떻게 표현하는지 인용해 보고자 한다. 카이푸의 임시 내각에서 관방장관으로 있었던 모리야마 마유미는 1990년 2월 선거에서 바로 남성으로 교체되었다. 흥미롭지만 놀랍지 않은 사실은 수상인 카이푸 토시키 Kaifu Toshiki가 내각을 재구성할 때 속해 있던 코모토 Komoto파벌에 모리야마도 속해 있었다는 것이다.

카이푸가 그녀를 재임명하지 않은 이유와 당시 그녀가 어떤 감정이었는지에 대한 질문에 모리야마는 애매하게 대답했다(필자와의 인터뷰, 1990. 7. 18). 그러나 두 가지 이유가 두드러지게 나타난다. 첫째, 모리야마는 그녀가 그 지위에 대한 선임자로서의 특권을 가지고 있다고 생각하지 않았다. 둘째, 모리야마는 파벌간의 균형을 위한 고려가 그녀를 재임명하지 않기로 한 결정에 작용했다고 생각했다. 카이푸가 깨끗한 정부의 이미지를 만들려고 애쓰면서도(유명한 리쿠르트 스캔들의 여파 속에서 총선이 치러졌다), 스캔들에 연루되지 않은 모리야마를 재신임하지 않은 가장 중요한 이유는 모든 파벌을 달랠 필요가 있었기 때문이다. 모리야마는 다음과 같이 말했다.

수상인 카이후는 파벌간 힘의 균형도 맞추고, 부패하지 않은 깨끗한 정부의 이미지도 만들어야 했다. 그가 다른 생각을 할 여유가 없을 만큼 이 모든 일들이 그에게 과도했을 거라고 생각한다. 나는 선거 전에 카이후에게 여성들에게 좀 더 중요하고 책임 있는 자리가 주어져야 한다고 말했다. 특별히 나를 지칭한 것이 아니라 자격있는 여성이 적어도 중요한 자리 하나에 고려되어야 한다는 뜻을 전했다. 하지만 그는 그렇게 하지 않았다. 솔직히 말해서, 나는 상처받았고 실망했지만 내게 그렇게 중요한 자리가 허락될 만큼 내가 특권을 갖고 있지 못하다는 것을 알고 있었다. 내가 재임용되지 않은 것이 이상한 것이 아니라 처음부터 그 자리에 내가 임명되었다는 자체가 차라리 궤도를 벗어난 것이었다(저자와의 인터뷰, 1990. 7. 18).

모리야마는 그녀가 재임용되지 못한 데에 아무런 부당함이 없었다고 외교적 수사를 동원하여 필자를 납득시키려고 했지만 혼란스러운 질문은 계속 맴돌았다. 당 위기시에 모리야마가 임명될 때 아무런 문제가 되지 않던 그녀의 자질이 왜 재임명시에 갑자기 이슈가 되었을까?

쿠보타 마나에 Kubota Manae는 사회당의 부총재였으며 오카자키 토미코 Okazaki Tomiko는 정당의 여성국장이었다. 둘의 경력은 아주 달랐는데 쿠보타는 전직관료였으며, 오카자키는 전前 TV 앵커우먼이었다.

필자는 인터뷰(1990. 7. 11)에서 쿠보타에게 사회당이 보수적인 자민당보다 여성에게 더 개방적이냐고 질문했다. 쿠보타는 강하게 "NO"라고 했다. 그녀는 여성이 중요한 자리를 맡기가 얼마나 어려웠는지를 예를 들어 설명해 주었다. 1978년까지 사회당의 부의장 네 명 중 여성은 단 한 명도 없었다. 최초의 여성 부총재인 타나카 스미코 Tanaka sumiko는 당내 남성의원들의 강력한 반대 때문에 그 자리를 얻는 데 지독한 어려움을 겪어야 했다. 그들의 반대의 기초는 그녀가 '정치신인'이라는 데 있다. 쿠보타는 "그러한 논쟁은 터무니없는 것이었는데 그것은 타나카가 입당한 지 이미 오래 되었기 때문이다" 라고 했다. 타나카는 결국 1978년에 그 자리에 임명되었다. 쿠보타는 타나카가 이미 길을 닦아놓았기 때문에 자신이 부의장에 임명되는 데는 아무런 어려움이 없었다고 말했다. 쿠보타가 단지 두 번째 임기의 의원이었음을 고려해 볼 때, 사회당의 의사결정에 있어서 선례는 아주 중요한 역할 중 하나이다(필자와의 인터뷰, 1990. 7. 11).

일본 정치시스템이 민주주의로의 역사적 변환에 있어서 위계적 전통문화의 변환까지는 수반하지 못했다. 19세기 자유주의 신조의 본질인 개인주의와 평등의 이상이 민주주의를 향한 제도적 변환을 동반하지 못했다. 첫 번째 큰 변화는 메이지 혁명이다. 이때 메이지시대의 의회시스템은 위계질서의 봉건적 요소들을 벗어버리지 못했다. 두 번째, 즉 2차대전 후 제도화된 민주주의에도 불구하고 일본 사회질서의 본질적인 엘리트주의 본성은 전후 일본정치에 존속되었다 Hellmann, 1969. 민주주의로 향하는 과정에서 비민주적 요소들을 일본사회에서 뿌리 뽑으려는 미군정의 노력은 실패했다.

전前수상 타케시타 노보루는 선거운동으로 소비하는 시간 때문에 가족이 붕괴될 수 있으므로 중의회는 여성들을 위한 장이 아니라고 했다. 그런데 이러한 관점은 여성의 직업과 능력에 상관없이 여성의 기본적인 책임은 가족을 돌보는 것이라는 가정을 담고 있다. 왜 남성후보자들이 선거운동을 위해서 길에서 시간을 소비하는 것은 가정을 붕괴시키는 것으로 고려되지 않는 것인가?

선거시스템을 포함한 일본의 문화와 정치적 행태 사이의 복잡한 상호작용은 권력의 범주 안에 들어오려는 권력이방인들을 효과적으로 제외시켰다. 일본여성들은 전통적으로 권력 구조 밖에 있었기 때문에 그들 또한 견고하게 지어진 성벽 바깥에서 권력 내로 진입해야 하는 어려움을 경험한다. 여성은 정치적 범주에서 이방인일 뿐 아니라 성적인 구속도 함께 경험한다. 젠더의 역할에 대한 편견은 다케시타의 앞선 진술에서도 나타난다. 민주주의 정치시스템에도 불구하고 파벌정치와 정치자금 모집활동은 더 큰 민주주의라는 타이틀 안에서도 평등이라는 민주주의의 기본적 원칙에 반대되는 문화적 행태를 반영하고 있다. 일본정치에서 공식적이고 커다란 제도 내의 이러한 비공식적인 관행은 전자를 무시하는 경향이 있다. 일본 민주주의 제도는 성의 역할과 성의 위계를 기초로 하는 전통가치와 행위 위에 그냥 덜컹 얹혀져 있을 뿐이다.

05

여성, 정치적 이방인, 풀뿌리운동

이 장의 내용과 접근방법은 이전 장들로부터 다른 색과 모습을 갖게 된다. 이전 장들에서는 선거시스템과 정치에서의 역사적 변화를 국가의 수준에서 탐구하였다. 이 장은 단지 여성이 아니라 여성을 포함하여 내가 정치적 이방인이라 부르는, 확립된 정치세력 밖에 있는 사람들이, 어떻게 그리고 왜 공식·비공식적인 다양한 사회운동 안에 포함되는지 살펴볼 것이다. 여기에는 1970년대 풀뿌리운동의 유력한 형태인 환경오염에 대한 일본저항운동부터 세이카츠 클럽과 같은 잘 조직된 소비자 조직에 이르는 일련의 사회운동을 포함한다. 한국에 대해서는, 1970년대 초부터 2000년까지의 민주주의운동에 초점을 맞춘다. 이 장의 궁극적인 목표는 이런 사회운동의 활동 안에서 그들의 참여에 의해 여성들 같은 정치적 이방인에게 어떤 정치적 가능성이 있는지를 탐구하는 것이다.

1
일본의 사회운동

사회적이고 정치적인 변화의 근본적인 힘으로 적합한 문화적 변화[23)]를 초래하는 것은 무엇인가? 1970년대말 일본에서는, 유행어와 정책이 '코쿠사이카'라는 국제화를 향해 있었다. 일본인 사이에 국제적인 의식을 끌어올리기 위한 이 공식 정책은 특히 일본 젊은이들의 해외여행을 증가시켰다. 코쿠사이카라는 용어는 일본을 국제적인 삶의 주류로 이동시키기 위해 설계된 모호한 이상의 집합이다. 이 정책의 표면적인 표현은 문화 교류이다. 공식적인 정부정책에 더하여, 일본의 경제적 능력은 다수의 보통 일본인에게 서구 세계를 직접 접하고 다른 사고방식과 삶의 방식을 배우는 기회를 주었다. 장시간에 걸친 외부 세계와의 이런 간접적이고 직접적인 접촉은 젠더 역할에 대한 일본의 전통적 인식의 변화를 야기시킬 것이다. 그러나 다른 문화의 노출은 단지 변화를 위한 상황만을 제공한다. 이러한 변화의 더 구체적인 증거는 풀뿌리 활동이 싹트기 시작했다는 것이다. 가장 두

23) 문화변화와 사회변화 사이의 구별을 위해 드 보오 Geroge De Vos, 1984, 3가 편집한 "Institution for change in Japanese Society"에 대한 사설을 보라. 그는 "정신문화적 변화는 가족 같은 제도의 변화 Caudill, 1976, 18를 요구하는 반면 사회 변화는 문화적 '정신 ethos'의 변화와 상관없는 가족제도 또는 기술의 변화를 언급한다 Bateson, 1936"고 한다. 문화의 정신은 만연된 풍조이고 특징적인 정신이고, 또는 국민제도나 시스템의 정서이다. 그래서 결국 정신은 끊임없는 문화적 영향을 받는 행동이 반영된 감정적 패턴이다."

드러진 것 중 몇 가지는 시민운동과 사적인 연합활동, 특히 소비자 조직 같은 저항 운동들이다.

시민운동과 소비자 조직은 개별 시민의 주도에 의해 태어난 풀뿌리활동이며, 그들은 정부와 다른 권력집단들로부터 자율성을 유지하기 위해 힘쓴다. 이는 정부 또는 다른 권력집단들로부터 자치를 지탱하기 위하여 노력하는 대중 활동이다. 이러한 활동에 참여한 대부분의 사람들은 어떤 것에 맞서기 위해서 무엇을 해야 하는가에 대한 나름대로의 생각을 가지고 있으며, 그들은 자발적인 저항이나 또는 개별 시민들로 구성된 구조적 조직을 통해 활동함으로써 그들의 목적을 달성하려고 노력한다.

2
시민운동과 세이카츠 클럽

시민운동(예를 들면 환경보호운동과 반오염활동, 그리고 사회복지운동)은 일반적으로 저항운동으로 간주되고, 세이카츠 클럽(Seikatsu Club, 생활클럽)은 소비자 협동조합으로 정의된다. 시민운동과 세이카츠 클럽 사이에 이런 개념적인 차이점이 있음에도 불구하고 일부 기능적 중복이 있으며, 특히 저항이라는 측면에서 그러하다.

시민운동의 주요 관심사가 환경이슈인 경향이 있지만, 물가조절

그리고 생활조건 개선과 같은 다른 분야의 이슈들까지 모두 관심사에 포함된다. 시민운동은 세이카츠 클럽과 같이 그들이 잘못되었다고 생각하는 것을 지적하고 개선하려고 노력한다. 그러나 시민운동은 상설 조직구조와 회원 수의 결핍이라는 점에서 세이카츠 클럽과는 다르다.

마가렛 맥킨 Margaret McKean의 유형학에(1981; 1980, 201) 따르면, 시민운동의 종류는 다양하지만 이들은 몇 가지 공통된 특성을 공유한다고 한다. 이들에게서 자주 관찰된 공통의 속성은 다음과 같다. 관심 있는 시민들 사이에서 자발적으로 일어나는 경향, 분명히 정의된 장기적인 목표의 결여, '상설적' 제도상 조직의 부재, 그리고 회원의 이동성 등을 들 수 있다. 시민운동의 참가자들은 환경문제에 영향을 받은 지역의 거주자들로 이루어져 있으므로 이들은 현안문제가 해결된 후에는 뿔뿔이 흩어지는 경향이 있다. 시민운동은 매스미디어에 감정적인 호소를 통하여 폭넓은 대중성을 얻는 경향이 있지만 본성적으로는 일시적이고, 단명적이며, 유동적이다.

이에 반해 세이카츠 클럽은 본질적으로 소비자보호협동조합이지만 소비자보호에 직접 관련이 없는 다양한 종류의 활동에도 관여한다. 예를 들면 다시 사용할 수 있는 상품의 재활용을 촉진하고 필수품들을 생산하며, 특히 가장 중요한 목적은 지방 정부에 조합의 대표를 내보내는 것이다. 시민운동의 자발성과 선풍적인 대중성은 부족하지만, 세이카츠 클럽은 그들의 운동을 실행하기 위해 임시적이 아닌 체계적인 방법들을 취한다. 또한 분명하고 명료하며 통합된 목표들을 가지며, 지역간 활동을 조정하게 하고 다양한 선거구의 독특한 문제에 대한 협조를 가능하게 하도록 각기 다른 지역에 넓은 조직적인 네트워크를 가진다. 여성은 단순히 무대장치 뒤가 아니라 상대적으로 눈에 띄는 활동적인 역할을 맡는다.

일본정치의 젠더 구성 변화를 위한 잠재적 힘의 비교조사를 위해서 두 풀뿌리운동을 선택한 이유는, 이 두 시민단체의 활동에서 유사점과 차이점이 분명하기 때문이다. 이들은 유사한 관심을 공유하지만 작동방식이 다르다. 가장 중요한 차이는 조직의 수명(임시 VS 장기)이다. 그들이 임시 목적을 달성하자마자 해체되는 것처럼 시민운동은 당면한 이슈를 해결하기 위해 일시적인 조직을 구성하는 경향이 있는 반면에, 세이카츠 클럽은 일본사회 전체와 관련이 있는 기본적인 이슈들을 개선하기 위해서 애쓰고 건의하는 상설 소비자조직이다. 세이카츠 클럽은 한때의 문제 '수정'으로 만족하지 않는다. 다시 말해서, 시민운동은 상설조직이 없는 일시적이고 단명 조직인 반면에, 세이카츠 클럽은 고도로 집중된 상설조직을 가지고 있다.

나는 상설조직의 유무가 일본 정치에서 여성참여의 기회를 궁극적으로 넓힐 새로운 유형의 리더십을 발생케 하는 중요한 요인이라는 점에서 큰 차이점을 만든다고 주장한다. 풀뿌리운동의 상설조직의 유무는 일본의 정치문화와 정치에 참여하려는 여성의 능력에 어떻게 영향을 미치는가? 이어지는 논의는 이 질문에 대해 답을 하고자 한다.

3
산업화와 환경오염

전후 일본의 산업화는 일본인의 생활양식에 동질성을 가져다주었다. 출판물의 대량생산은 도시 거주민이 일본의 다른 지역에서 발생하는 변화를 접할 수 있게 해주었다. 또한 텔레비전의 출현은 그들에게 다른 지역의 사람들이 어떤 종류의 가재도구를 사용하고 있고, 어떤 종류의 옷을 입으며, 어떤 종류의 노래를 듣는지 등[24] 어떻게 살아가고 있는지에 대해 적접적으로 알 수 있게 했다.

커뮤니케이션의 발달과 더불어 도시화는 사람들을 서로 더 가까워지도록 했다. 지방 거주자들은 더 나은 직업 기회를 찾아 도시나 산업복합지역들로 몰려들기 시작했다. 일본산업화의 매우 놀라운 측면 중 하나는 분산에 있다. 일본정부는 특정지역에 공장을 집중시키는 대신, 멀리 떨어진 농·어촌지역으로 공장을 분산시키는 정책을 채택했다 Steiner, Krauss, and Flanagan eds, 1980, 210. 이것은 기업으로 하여금 회사 노동자들이 이주하도록 단치Danchi라고 알려진 아파트단지를 세우게 함에 따라 회사 근처에 준도시 거주지역을 만들게 했다. 회사 아파트단지에서의 생활이 가져온 물리적 근접성은 모든 계층의 사람들에게

24) 산업화에 의해 발생한 동질성은 겔너 Ernest Gellner, 1983의 『Nations and Nationalism』에 잘 논의되었다.

무차별적으로 영향을 미치는 환경오염과 같은 위기가 발생했을 때, 단치 거주민들 간의 견고한 공동체의식을 이끌어냈다. 회사에서 제공한 단치가 산업단지 가까이에 위치해 있기 때문에 회사 근로자들 대부분은 이 곳에서 살았고, 이는 아파트 거주자 모두가 거주기간 동안 유사한 문화·환경적 조건에 노출된다는 것을 의미한다. 이것은 환경오염이 화이트칼라 관리자이든, 엔지니어이거나 블루칼라 노동자이든 아파트 복합건물에 사는 모든 계층에 영향을 미친다는 것을 의미한다. 일본에서 환경오염보다 더 공평하게 분배된 것은 없다. 화이트칼라 노동자 또한 오염에 의해 영향 받는다는 사실은 그렇지 않았다면 불가능했을 여러 가지 방식으로 저항과정에 도움을 준다. 예를 들어, 중산계층은 마을 농부들이나 어부[25]들이 보통 이용할 수 없는 정보나 영향력 있는 사람들에 대한 접근이 더 용이하다. 따라서 계층혼합은 가해자에 대항해 효과적인 집단행동을 위한 촉진제 역할을 한다. 그러나 모든 계층을 포함하는 환경오염의 상황이 계급차별 없는 저항운동을 초래할 것인가? 만약 그렇다면, 이러한 계급구분 없는 운동은 새로운 유형의 정치리더십 양산에 기여할 것인가, 그렇지 않으면 방해할 것인가? 같은 맥락에서, 이러한 운동은 젠더 구분 없는 활동을 발전시키고 여성들에게 리더십을 개발할 수 있는 새로운 기회를 가져올 것인가? 다음에 논의하는 환경오염의 사례들은 그와 같은 정서와 단치의 거주민들이 자신의 공공복지를 위해 어떻게

25) 환경적으로 발생한 시민운동, 예들 들면 정당, 노동조합, 그리고 다른 지역공동체 조직 같은 기존 정치 조직을 통해 활동하는 경우가 있다.

행동했는지를 설명해준다.

권위에 복종하는 일본인의 경향과 개인문제처럼 보이는 것을 공개하는 것에 대한 그들의 반감은 초기단계에서 집단행동을 억압한다Y. Kuroda, 1972. 그러나 일단 문제가 공적이라는 것을 인식하면, 잘못된 것을 수정하기 위한 저항운동에 참여하는 일본인의 의지는 다음 논의들에서 잘 보여진다.

4
환경이슈에 대한 시민운동

1960년대에 미국-일본의 안보이슈와 관련한 저항운동 이래로, 시민운동에 가장 빈번하고 넓게 대중화된 이슈는 환경문제였다. 환경문제와 관련한 시민운동의 사례는 1973년에만 적어도 3천 건이 넘었다 E. Krauss and B. L. Simock, 1980, 187. 이 저항의 대부분은 동원되거나 자발적인 지역구민들에 의해서 수행되었다. 환경이슈에 대한 저항운동은 그들의 목표에 관해서 보면 두 가지의 다른 종류로 구분된다. 한 유형은 더 이상의 오염증가에 반대하는 예방법안을 요구하고 다른 하나는 이미 일어난 피해에 대한 보상을 요구한다 M. Mckean, 1981.

다음의 사례연구는 사회운동 연구에서 일반적으로 묻게 되는 몇몇 질문을 설명할 것이다. 우선, 그들의 집단행동의 원인은 무엇이고 그들은 무엇을 원하는가? 그들의 목표를 달성하기 위하여 어떻게 노력하는가? 불만을 해소하기 위해서 그들의 전략에는 어떠한 과정이 포함되는가? 이 과정은 어떻게 지지자들의 선택에 영향을 주는가? 가장 중요하게, 정치적으로 미숙한 단체가 더 강력한 조직에 대항해 그들의 집단이익을 추구하고 불만을 표현하기 위해 그들 집단을 어떻게 조직하는가?

사례 연구 첫 번째 : 카네미 유쇼 사건

카네미 유쇼 Kanemi Yusho[26] 사건은 기반이 튼튼한 산업재벌(대기업)에 대한 시민저항의 실례 중 하나이다. 일본 남쪽 지방에서 일어난 키뵤 Kibyo는 극단적인 피로와 함께 여드름 같은 종기를 수반한 '이상한 병'이라는 전염병이 발병했다. 이 이상한 병은 아사히 신문이 '이상한 병'과 희생자가 사용한 조리용 기름 사이의 가능한 연관관계를 보도하였을 때 대중의 관심을 받았다. 대학 과학자들의 집중적인 조사를 통해서, 카네미 유쇼의 조리용 기름은 생산할 때 열변화작용제로 사용된 폴리 염화 비페닐 PCB에 의해 오염되었음을 밝혔다.

그 사건은 희생자와 고소된 기업 사이의 10년 동안의 긴 법률분쟁 동안 뉴스보도에 의해 널리 알려졌다. 이 사건이 놀라운 점은 병의 원인을 알고 싶어 했던 정치적으로 미숙한 개인 희생자의 악의 없는 행동이 전체 과정을 밝혀냈다는 것이었다. 희생자인 타다시 쿠니아

26) 이 경우에서 정보의 많은 부분은 라이히 Michael R. Reich, 1984 "Troubles, Issue, and Politics in Japan : The Case of Kanemi Yusho," George De Vos ed., 1984, 『Institution for change in Japanese Society』의 연구에서 발췌했다.

케는 불쾌한 병과 조리용 기름의 내용물 사이의 가능한 상관관계를 밝혀내기 위해 공중보건소에 그 의심되는 조리용 기름을 가져갔다. 한 명의 희생자에 의한 이러한 행동은 아사히신문 기자의 아내가 이 사건을 듣고 남편에게 얘기했을 때 전국적인 뉴스로 확대되었다. 타다시 쿠니아케가 선동적 행동을 취했음에도 불구하고, 이어지는 법률 분쟁에서 그의 역할은 거의 보이지 않았다. 나는 여기서 교섭의 결과가 아니라 그것을 해결하는 과정에 초점을 맞출 것이다. 희생자들은 이 이슈를 해결하려고 어떤 시도를 하였는가? 그들은 집단이익을 추구하기 위해 자율적으로 조직을 형성하였는가, 아니면 그들의 불만을 중재하는 역할을 하는 영향력 있는 개인 또는 조직에 의지하였는가?

라이히 M. Reich의 조사(1984)에 따르면, 그 이슈는 3단계를 거쳤다. 첫 번째 단계는 개인이 공적으로 드러내려는 사적 딜레마이고, 두 번째 단계는 그것이 일단 공적이슈가 되었을 때 집단행동의 딜레마이고, 마지막 단계는 경쟁하는 정치집단과 단체들 사이에서 정치적 이슈가 되는 것이다.

초기에 희생자들은 그들 자신의 집단을 네 개의 그룹으로 스스로 조직했고, 피고인 카네미 유쇼의 관리들과 직접 협상했다. 그러나 그 회사는 조리용 기름에는 병의 원인과 연결시킬 증거가 없다고 주장하며 희생자들의 보상요구를 거절하였다. 후에 정부는 큐슈대학에서 기초한 유뵤 연구단(Yubyo, 기름 병 연구 그룹 Oil Disease Research Group)을 조직하고 개입하기 시작했다. 이 이상한 병의 문제는 정부 개입에 의하여 협상 당사자들의 입장에서 우회하였다. 기업과 직접적으로 협상했던 희생자들이 아니라 정부가 주도권을 잡고 중재인이 되었다. 바꾸어 말해서 이 이상한 병은 희생자들을 소외시키고 정부와 기업사이의 이상한 이슈가 되어버렸다. 게다가 일단 정부가 개입하자, 희생자의 병은 한편으로는 자민당과 다른 한편으로는 사회당, 공산당 간에 아주 골치 아픈 정치이슈가 되었다. 더 이상 개인 희생자들이 해결할 수 있는 분쟁이 아니었다. 마침내 이 정당들은 희생자들의 주장을 변호해 주는 주요 매개체가 되었다. 그 결과는 교섭자의 자리에 기존 정당의 지도자들이 들어오면서 희생자들이 협상 테이블에서 빠졌다는 것이다. 게다가 주로 공산당과 사회당이 희생자들을 위한 변호의 위치에 있었기 때문에 희생자들은 그들의 의지에 반한 정당과의 연합을 강요받음으로써 이중으로 희생되었다. 많은 희생자들은 그들의 의사에 반대되는 정당과 연계하거나 이데올로기를 공유하길 원치 않았다. 일부 희생자들은 그들이 공산주의 단체나 정치적으로 인기 없는 단체의 회원으로 오인되는 것을 두려워했기 때문에, 이 사건을 더 끌고 가는 것을 원하지 않게 되었다. 희생자 교섭위원회의 이전 관리자이자 희생자인 류조 카미노는 정당의 관여를 비판했다. 그는 "이것은 희생자들과 분리된 정치운동으로 발전했다"고 말했다. 그는 후에 자신의 목적을 달성하기 위해서 소송을 취하했다(앞의 책, 120-121).

질병으로 인한[27] 정신·육체적 고통에 더하여, 공산주의자들의 동

27) 일본인들이 규범을 벗어난 것, 특히 육체와 정신의 병의 경우에서 숨기는 경향이 있다는 것은 잘 알려진 사실이다. 병에 걸린 사람들이 '이상한 병', 즉 기뵤 Kibyo라고 명명되었을 때 왜 영향 받은 사람들이 공개하길 원하지 않았는지 이해할 수 있다. '기'(이상한)라는 단어는 영어에서 'interesting'의 무해한 의미보다 더한 의미를 수반한다. 그것은 거의 '평범한' 사람들로부터 병에 걸린 사람들이 분리되어 '정상이 아닌 또는 설명할 수 없는' 것을 내포한다.

조자로 낙인찍히는 것은 희생자들의 적극적인 참여를 저해하는 요인이 되었다. 이로써 카네미 유쇼 사건은 가장 효과적인 순간에 부채질하는 대중매체와 함께 권력단체, 즉 정부, 회사, 정당 사이에서 특성 없는 시끄러운 소음이 되었다. 그 과정에서 희생자들은 그 사건이 끝나기를 기도하면서, 그들의 얼굴을 숨기고 싸움의 혼란에서 익명이 되고자 했다. 이 사건은 아사히의 폭로 후 10년간의 법정분쟁 끝에 마침내 진정되었다.

이상한 병의 원인을 찾기 위해 최초로 자발적인 행동을 했던 개인 희생자 타다시 쿠니타케는 주요 정치이슈로 발전된 이 문제를 해결할 수 있는 기회를 빼앗겼다. 대신 기존 권력단체가 그의 자리를 차지했다. 그 결과로 잠재적으로 지도자를 양산할 수 있었던 사건이 단지 정당과 정부 내에서 기존의 정치 지도자를 재활용하는 데 그쳤다.

희생자들의 적극적인 참여 실패의 많은 요인들 중 두드러지는 두 가지가 있다. 정치적 중립을 유지하려는 희생자의 욕망과 의지와는 별개로, 이 사건이 개인의 불만으로부터 이데올로기적인 사건으로 전환된 것이 중요한 기여요소 중 하나다. 이 변화는 우선 이 사건에 대한 정부 개입의 결과였다. 일단 정부가 병의 원인을 확인하기 위하여 개입하자, 야당 또한 정부와 맞서기 위하여 참여해야 한다고 생각하였다. 희생자 조직의 정치적 취약성은 희생자들이 협상에 적극적으로 참여할 수 있는 기회를 빼앗았다. 이 새롭게 조직된 단체의 주 목적이 고통에 대한 보상이었기 때문에, 이들은 장기적인 목표를 가진 상설정치조직도 가지고 있지 않았고 그 운동을 하기 위한 고정적인 회원도 가지고 있지 않았다. 정치적 취약함은 기존 정치권력집단인 정부와 야당에 대한 의존 없이 산업재벌과 효과적으로 협상하는 것을 방해했다. 그 결과는 새로운 유형의 정치 리더십 양산 없이 카네미 유쇼 사건에 대한 최초의 풀뿌리운동이 권력단체 사이의 정치적 투쟁으로 끝났다는 것이다.

사례연구 두 번째 : 이타이이타이 병과 미나마타 병

1960년대 시민운동을 야기한 많은 환경오염 가운데, 이타이이타이 병(Itai Itai Byo, 아이쿠 아이쿠 병)과 미나마타 병 Minamata Byo보다 일본 대중매체(매스 미디어)로부터 더 많은 관심을 불러일으킨 사례는 없었다. 이 두 사례 모두 근처 공장의 폐기물에 의해 오염된 음식물 때문에 고통 받았다. 이타이이타이 병은 퇴행성 뼈 질환이다. 미국 협회로부터 받은 보조금으로 단독 조사를 수행한 하기노 노보루 박사의 말에 따르면, 이 병은 카드뮴으로 오염된 쌀을 먹음으로써 발생한다. 이 카드뮴은 진주 강의 상류에 위치한 밋스이 금속 광업 공장에서 사용한 쌀의 관계용수에서 발견되었다. 병과 관련된 극도의 고통 때문에 이 병은 '이타이이타이 병' 또는 '아이쿠 아이쿠 병'이라는 이름을 얻었다. 그러나 하기노 박사는 독특한 기후와 유전문제 같은 다양한 요인의 결합으로 병의 원인을 설명하려는 의료집단에 의해 고립되었다. 그는 또한 미국 보건기구의 보조금을 받아 조사를 진행하는 동안에도 신원불명의 사람들과 정부에 의해 협박당하는 등 어려움을 겪었다.

미나마타 병은 수은에 오염된 물고기를 먹음으로써 발생되었다. 이 경우는 오염된 지역의 주민들에게 이타이이타이 병보다 더 심각한 사회·경제적인 문제를 발생시켰다. 오염의 고통에 직접적으로 영향 받은 희생자들뿐만 아니라 어부들까지도 그 지역의 물고기가 오염되었다는 소식으로 생계를 위협받았다. 결과적으로 아직 병에 걸리지 않은 사람들은 피해자를 지지하지 않을 뿐만 아니라 문제의 존재 자체를 수용하지 않으며, 희생자들을 탐욕스럽거나 문제를 일으킨 사람들이라고 비난하였다.

맥킨 McKean은 이 두 사례를 통해 공동체가 한편으로는 희생자와 그들 가족, 다른 한편으로는 기존 사회조직으로 양극화되었다고 보고하였다. 그녀는 기존 사회 구성원이 "공동체에 문제를 일으키는 '사회의 상식에서 벗어난 사람들'이 문제를 더 이상 일으키지 않기"를 바란 점에 주목한다 E. Krauss and B. L. Simock, 1980, 194. 그러나 희생자들은 1970년대 초반 법원의 결정에 의해 사건이 해결될 때까지 지방의 노동조합과 여러 진보적 단체들에게서 호의적인 관심과 지속적인 지지를 받았다. 두 사례의 경우에서 주의를 끄는 것은 기존 단체들이 희생자의 보상을 돕는 매개체가 되었다는 것이다. 유사하게, 크라우스 Krauss와 시먹 Simock은 시민운동이 "환경생태에 대한 의식은 높으나 영향력 있는 기존 채널에 접근하지 않는 시민들에 의해 자발적으로 설립된" 것이라는 개념은 대부분의 경우에 잘못된 해석이라고 주장한다.

시민운동이 야기한 다른 환경오염은 비슷한 발달상의 유형을 공유한다. 미에 Mie 현의 야카이치 천식의 경우는 희생자에 의해 형성된 최초의 저항단체가 기존 지방조직, 가장 두드러진 사회당과 공산당의 기존 지방조직들을 연합시켰다는 점에서 일반적인 패턴을 따라간다 M. McKean, 1981, 60. 그러한 연합의 가장 중요한 이유는 희생자들이 권력 그룹에 맞설 그들 자신의 정치 경험과 압력을 거의 가지고 있지 않다는 지각 때문이었다. 지방정부의 도움을 요청하는 희생자들의 탄원서를 동반한, 경제 권력자에 대한 겸손하고 성실한 호소는 오염시킨 자들의 고압적인 태도에 아주 미소한 주의조차 일으키지 못했다. 희생자의 취약함의 정도는 미나마타 사건을 조사하기 위해 방문한 의회의원들에게 전해진 말에 잘 나타나 있다.

> 우리는 의회의원인 당신들을 부모로 생각해 왔습니다. 일반적으로는 만나기 어려운 당신들에게 우리들의 탄원서를 줄 수 있는 것은 우리에게는 영광입니다. 미나마타 병으로 우리 아이들이 죽어갈 때, 우리의 남편들이 더 이상 고기를 잡을 수 없게 되었을 때, 심지어 우리가 어떤 것을 잡아도 사가던 친절한 사람들이 사라졌을 때조차 우리는 침묵해 왔습니다. 우리는 살기 위하여 도둑질하지 않았고, 그저 불행을 받아들였습니다. 그러나 지금 우리는 더 이상 우리의 삶을 견딜 수 없을 지경에 이르렀습니다. 우리는 더 이상 누구도 신뢰할 수 없습니다. 그러나 지금 당신들 의원 모두가 이렇게 친절하게 왔고, 우리는 수많은 힘을 가졌습니다. 우리는 당신이 우리에게 자비를 베풀고 어떻게든 우리를 도와주기를 겸허하게 간청합니다(앞의 책, 53).

위에서 논의된 몇 사례와 같이, 환경이슈에 관한 시민운동은 새로운 유형의 정치리더십의 출현을 위한 유력한 수단을 제공하는 것 같지는 않다. 시민운동을 야기한 더 많은 환경오염은 지역적인 기반을 가지고 있고, 그들의 주 목적은 이미 일어난 피해에 대한 보상이다. 보상지향 조직운동의 문제는 보상 목표가 달성되면 조직이 존재 이유를 잃기 때문에 그들은 상대적으로 짧은 수명을 갖는다는 것이다. 이 운동은 장기적인 목표와 사회 변화를 위해 요구되는 비전이 부족하다. 게다가 시민운동 참여가 참여자의 정치적 신념 혹은 확신을 바꾸는데 거의 영향을 미치지 않았다는 것을 맥킨은 발견한다. 〈표 5.1〉에서처럼, 정치적으로 미숙한 희생자들이 시민운동 참여를 통해 활발한 정치적 활동을 하거나, 그들의 정치적 신념이 변화했다는 것을 보여주는 증거는 조금도 없다. 사건이 해결되자마자 참여자의 대부분은 그들의 일상적인 가치와 생활방식으로 다시 되돌아간다.

| 표 5.1 | 개념 변화 VS 저항 경험

당신의 의견은 운동의 결과로 인해 어떻게 변했습니까?	신참자 (Newcomers)	경험자 (Veterans)	합계
정치에 대해 많은 것을 배웠다.	46	41	44
정부에 대해 실망하게 되고, 환상이 깨졌다.	41	30	36
의식이 본질적으로 바뀌었다.	32	22	28
급진적이 되었다.	16	33	23
사회 변화에 대해 낙관적이게 되었다.	8	11	9
각각의 저항 범주에서 의식 변화들의 평균 수	2.16	1.78	2.00
(합계)	(37)	(27)	(64)

주) 숫자는 첫 번째 열에 기록된 의식의 변화를 보고한 저항경험의 특정 범주 신참자 혹은 경험자에서 응답자 비율의 감소를 나타낸다M. McKean, 1981, 251.

요약하면, 일시적인 시민운동은 현존하는 지방단체들과 분리되지 않았기 때문에 새로운 리더십을 만드는 데 실패한다. 신참자들은 이미 굳어진 권력 관계를 강화하는 조직의 껍질 shell 안에 둘러싸인다.

결과적으로 희생자의 대부분은 불쾌한 정치 경험이 끝나기를 바라고 있다. 그래서 시민운동은 풀뿌리 민주주의를 가져오는 힘을 보증하지 않는 것으로 보인다.

간단히 말해서, 시민운동의 가장 심각한 결점은 자율적인 상설조직 구조의 결핍이다. 상설조직 없이, 시민운동은 정치이상가들 사이의 경쟁으로 인해 희생자로 전락하거나 기존 권력단체에 흡수될 뿐이다. 그 결과 시민운동은 새로운 종류의 지도력을 양산하는 데 실패했다. 그래서 초기 풀뿌리운동으로 시작되었던 것은 그 상태로 끝까지 이어갈 수 없고, 단지 상호간에 기존 정치단체의 정치적 영향력을 행사하기 위한 수단으로 이용된다. 시민운동이 새로운 종류의 정치 지도력을 생산하는 데 실패했기 때문에, 기존 정치권력의 이방인인 여성 또한 시민운동으로부터 정치리더십의 경험을 얻을 기회를 가질 수 없다는 것은 놀라운 일이 아니다. 만약 저항운동이 그들의 주장을 꾀할 자율적이고 영구한 조직을 가졌다면, 기존 정치조직에서 독립하여 새로운 정치리더십의 출현을 위한 출발점을 제공하였을지도 모른다. 새로운 리더십의 탄생은 남성만이 아니라 여성을 포함할 것이다.

피터 청 Peter Cheng, 1990은 일본 이익집단이 공동이익을 위해 대표를 선출함으로써, 의회와 정치 구조 내에서 직접적으로 활동하는 점에 주목하여 일본 이익집단 정치의 특징을 효과적으로 기술한다. 그는 서구민주주의와 달리 일본의 이익집단은 정치구조의 외부보다 의회 안에서 활동하는 점을 지적한다. 이러한 경향은 한때 일본의회에 농업협회 출신의 관료가 너무 많은 것을 지적하여 '노교(Nogyo,농업협회)의회'라는 이름을 얻었을 정도로 일본정치의 한 현상이었다. 이러한 맥락에 있어서, 만약 저항운동이 그들의 이상의 체계적인 증진을 위한 조직적인 구조를 가진 이익집단으로 활동하고 그들 자신의 대표를 지원하는 도구로서 자신의 조직을 활용한다면, 그러한 단체는 거의 정당과 유사한 기능을 할 수도 있었을 것이다.

시민운동으로 야기된 불만은 일본 정치의 변화를 위한 밝은 비전을 제공하지 못한 반면, 그들 자신의 견고한 조직을 기반으로 한 미래지향적인 저항운동은 다소 다른 전망을 준다. 그러한 운동 중 가장 눈에 띄는 것 중 하나는 소비자조직들, 특히 세이카츠 클럽에서 나왔다. 이 장의 나머지는 이 소비자 조직SKC에 대한 것이고, 상설조직 기반을 가진 세이카츠 클럽이 어떻게 새로운 종류의 정치리더십 양산에 영향을 끼쳤는지 살펴볼 것이다.

소비자 단체 : 세이카츠 클럽의 사례

일본에는 다양한 소비자 단체들이 있다. 모든 소비자 단체는 1956년에 창립된 젠고쿠쇼탄렌(Zengokushotanren, 전국소비단체연맹)이라는 상부단체 산하에 속한다. 이 상부단체로부터 각 소비자 조직의 자율성 정도는 명확하지 않지만, 그들 각각은 어느 정도 독립적으로 운영되는 것처럼 보인다. 그러나 서구인들에게 가장 잘 알려진 두 곳은 아마 슈푸렌 Shufuren과 치푸렌 Chifuren이라는 주부조직일 것이다. 슈푸렌와 치푸렌은 둘 다 정치적으로 중립적이고 정치에 무관심하다는 것을 주장한다. 그들은 정치적 중립과 무관심이라는 원칙에 따라서 특정 후보자 또는 정당지지 등의 직접적인 정치관여를 멀리하는 경향이 있다. 같은 맥락에서 피터 청의 이익집단 정치와는 달리, 이 조직들은 의회에 후보를 내보내지 않는다. 슈푸렌의 전 대표자인 오쿠 무메오가 1947년 이래 세 번 연속으로 참의회에 선출되었던 것은 사실이다. 그러나 슈푸렌은 표면적으로는 오쿠 무메오의 입후보를 지원하지 않았고, 오쿠 무메오도 단체의 대표로 입후보하지는 않았다. 사실 오쿠 무메오는 슈푸렌이 설립된 1948년보다 앞선 1947년에 의원생활을 시작하였다. 즉, 단체가 설립되기 전에 오쿠가 당선되었기 때문에 정치에 무관심하다는 슈푸렌의 주장에는 어느 정도 정당성이 있다. 1947년에 오쿠는 코쿠민 쿄도 카이 Kokumin Kyodo Kai의 후보로 출마하였고, 1953년과 1959년에는 소수정당인 로쿠푸카이 Rokufukai 당에서 공천을 받았다.

세이카츠 클럽은 그들의 정치적 관심사를 공개적으로 시사했을 뿐만 아니라, 그 회원들이 지역 선출직을 위해서 적극적으로 노력했다는 점에서 이러한 원칙에서 예외이다.

역사, 이상 그리고 전략

세이카츠 클럽은 우유의 집단음용에 대한 여성들의 요구에 의해 1965년에 처음 설립된 소비자협동조합이다. 공동구매에 대한 요청은 비용과 제품의 안전이라는 두 가지 목적을 가지고 있다. 조합원들은 우유 생산을 규제함으로써 더 저렴한 가격에 방부제가 없고 위생적으로 처리된 우유를 마실 수 있다고 느꼈다. 이와네 쿠니오는 집단음용을 요구한 주부들에게 응하고, 소수의 남녀 직원을 가지고 세이카츠 클럽이라는 단체를 설립하였다. 세이카츠 클럽의 초기 회원은 200명의 주부들로 구성되었다. 비록 공동구매의 목적은 저렴한 가격보다는 안전한 제품에 있었지만, 단체회원들은 단체의 제품을 조금 저렴하게 구매하였다. 예를 들면, 당시에 우유 한 팩의 가격은 18엔이었으나 회원에게는 15엔이었다. 이처럼 낮은 가격은 초창기에 회원을 확보하는 데 중요한 요인이었던 것으로 보인다. '더 안전한 우유의 공급'이라는 클럽의 최초 목표가 확대되어 현재 그 클럽은 미생물 분해가 가능한 비누와 같은 1차 제품(주로 쌀, 우유, 달걀, 닭, 생선, 그리고 야채)에서 가공된 음식들(된장과 다른 간장 제품들)까지 다양한 여러 식품을 다룬다. 1988년에 회원 수는 도쿄에서 5만 세대, 그리고 일본 동부에서는 15만 세대를 넘었다. 만약 각 가정이 4명의 가족으로 구성되어 있다고 가정한다면, 600만 이상의 사람들이 이 조직에 직접 또는 간접적으로 연관되어 있는 것이다. 회원수는 계속 증가하여 가입 세대수가 1992년에는 218,256세대, 1995년에는 232,697세대로 증가했다. 회원들 대부분은 여성이다.

구조와 명료한 목표

세이카츠 클럽 조직의 기본 단위는 한han이다. 각 한은 8명에서 13명의 회원들로 이루어져 있다. 일반적으로 한의 회원들은 무엇을 얼마나 주문할 것인지, 그리고 구매한 것을 어떻게 나눌 것인지에 대해 토론한다. 이들은 상품을 주문하는 것뿐만 아니라, 클럽의 정책에 대해서도 토론한다. 한에서 결정된 사항은 치부(chibu, 지부)로 불리는 상위단계로 올라가고 이것은 일본 전역 열네 군데에 위치한 지역 본부로 간다. 위에서 아래로 결정이 내려가는 방식을 가진 대부분의 다른 일본 조직과는 달리 이 조직의 방식은 반대로 작동된다. 이 아래에서 위로의 관행은 아마도 다음과 같은 철학 때문이다. "세이카 츠 클럽의 목적은 우리 삶의 자기경영을 통하여 사회를 스스로 다스리는 방법을 배우는 것이다. 지역사회를 재건한다는 우리의 비전은 이 원칙에서 유래한다" Tokyo Seikatsuha Network April, 1988, 3; 세이카츠 클럽, 1990, 12.

세이카츠 클럽은 회원들에게 자기경영 생활방식의 개선을 장려할 뿐 아니라 대중에게도 그렇게 하도록 요구한다. "세이카츠 클럽은 또한 자본주의사회의 부산물인 현재의 낭비적인 생활방식을 바꾸기 위하여 자기경영 생활방식을 창조하도록 대중에게 요구하고 있다" Tokyo Seikatsusha Network April, 1988, 3.

자본주의 시스템에 의해 통제되는 시장의 힘으로서 "낭비적인 생활방식"의 원인을 확인하려는 이런 클럽의 시도는 좌파정당들의 사회적 관심을 자연스럽게 모았다. 게다가 소비자협동조합과 좌파 정당들은 생산자와 소비자 사이의 양분관계에서 신마르크스주의 시각을 공유한다. "세이카츠 클럽은 생산과 소비의 부분에서 발생한 다양한 문제를 극복하기 위한 노력을 하고 있다. 예를 들어, 우리 회원들은 가능한 한 농약과 식품첨가물을 피하도록 생산자들을 독려하기 위해서 그들과 직접 토론한다. 회원들 또한 그들 자신이 생산자가 되기 위한 시도로 낙농업 농장을 시작했다"(앞의 책, 3). 세이카츠 클럽에서는 생태학적이고 환경적인 문제의 원인을 분열로 보기 때문에 이 클럽은 생산자와 소비자 사이에서 분열을 극복하는 쪽으로 일한다. 세이카츠 클럽의 목표는 생산자와 소비자의 "하나의 전체적인 실체"를 만드는 것이다. 이 견해는 좌파정당과 공유되고 협력적인 관계가 형성될 수 있는 장을 제공한다. 명료하게 표현된 세이카츠 클럽의 또 하나의 목표는 앞서 언급한 자기경영 생활방식을 성취하기 위해 지방자치를 촉진하는 것이다.

이런 이상과 목표를 이행하기 위해서, 클럽은 정치적 무기의 필요성을 인식했다. 그러나 일본정부가 소비자 단체에 의한 정치활동을 금지하기 때문에, 단체의 목표를 이루기 위해서는 다른 종류의 정치단체나 유사 정당이 필요했다. 이러한 맥락에서 세이카츠 클럽은 1978년에 창설되어 1988년 2월 27일에 세이카츠샤 네트워크로 개명되고 재편성 된 세이카츠샤그룹을 설립했다. 그것의 설립 이후 네트워크는 지방선거에서 입후보하기 위해 회원들을 공천했다. 그 중에는 1990년 도쿄 지역에서 도시/마을 의회의원으로 일했던 16명의 클럽 회원이 포함되어 있었다. 이 의회 회원들이 보통 의원들로 언급되는데, 클럽은 이런 호칭을 거부한다. 대신에 클럽은 그들의 목표와 전략이 "지방정치에 직접-참여 민주주의를 뿌리내리기 위해서"이기 때문에 그들을 '정치 대리인' 또는 '대표자'라 부른다(Ibid . 4).

다음 인터뷰 부분은 개개의 회원들이 소비자협동조합에 어떻게 포함되었는지, 그리고 이것이 이후 그들의 정치참여를 어떻게 이끌었는지 논의할 것이다. 정치 참여의 과정을 조사함으로써 나는 새로운 종류의 정치리더십이 지역 수준에서 어떻게 나타났는지 설명하고자 한다. 또한 나는 세이카츠 클럽과 정당 사이의 관계, 그리고 이때 중앙정치에서의 일본여성의 참여에 대한 잠재적인 영향에 대해 논의할 것이다.

지방정치에서의 세이카츠 클럽 여성들 : 사례 연구

세이카츠 클럽 지도자의 다음 인터뷰는 일본 여성들의 중앙정치 입문과 관련된 풀뿌리 소비자 조직의 효과와 한계를 보여준다.

아오카게 타카코(Aokage Takako, 요코하마 시의회의원) 인터뷰:

나는 현재 17,000명의 인구를 가진, 최근에 개발된 와카바다이 Wakabadai에서 삽니다. 내가 세이카츠 클럽에 참가하기 시작한 이유는 친구를 만들기 위한 것이었습니다. 나는 결혼 후 1972년에 히로시마에서 요코하마로 이사했을 때 친구가 없었습니다. 나는 요코하마의 단치에서 살았습니다. 그곳에 단지 짧은 기간 살았지만, 나는 이웃과 무엇인가 하기를 원했습니다. 나는 세이카츠 클럽이라고 불리는 주부클럽이 근처에 있다는 것을 알았습니다.

그 세이카츠 클럽은 다른 소비자 조직보다 짧은 역사를 가지고 있었지만, 그것은 독창적인 개념을 가지고 있고 다른 소비자 조직과 달랐습니다. 세이카츠 클럽은 생산자들과 좋은 관계에 있습니다. 그리고 그들의 필요와 욕구가 무엇인지 소비자와 함께 토의합니다. 그래서 우리들은 소비자의 지위를 변호할 뿐만 아니라 생산자들과의 대화를 통해 상품의 질을 개선시킵니다. 다른 소비자 조직은 "조금 더 값싼" 상품을 원하지만 우리들은 "좋은 품질"의 상품을 원합니다. 우리는 생산, 공급 그리고 소비 사이의 작용과 그들과의 상호작용 때문에 생산자의 관점을 볼 수 있습니다. 그렇지 않으면, 권력은 소비자 또는 생산자가 아니라 창고와 큰 단체에 머무를 것입니다. 우리는 상품의 질에 관여할 뿐만 아니라 또한 생태학적 이슈에도 관여합니다.

지난 선거에서 요코하마 시의회 자리에 출마를 결정했던 이유는……. 1979년이 우리 운동을 위한 획기적인 해였기 때문입니다. 1979년 1,800만의 인구를 가진 시가현에서 심각한 수질오염이 있었습니다. 1,800만 사람들에게 물을 공급하는 비와 호수는 세제로 오염되었습니다. 시가현은 세제의 사용, 판매 또는 세제 선물을 금지하는 반세제 법률을 통과시켰습니다. 나는 반세제운동이 단지 시가 현에 제한되지 않고 전국적인 운동이어야 한다고 느꼈습니다. 그래서 나는 요코하마현의회에 출마를 결정했지만 당선되지 않았습니다. 그러나 나는 1989년 요코하마 시의회의원에 당선되었습니다. 현재 세 명의 요코하마 시의회의원이 세이카츠 클럽 출신입니다. 그리고 그들 세 명 모두 여성입니다.

1983년 시의회 의원선거에서, 우리는 환경을 보존하기 위한 지방법안을 요구했습니다. 그러나 세이카츠 클럽은 소비자 조직이기 때문에, 정당으로 일할 수 없었습니다. 그래서 우리는 카나가와 네트워크 운동KNM이라고 불리는 지방정당을 창설하였습니다. 이로써 우리는 지방 정부에 대표단을 보내어 정치에 영향을 줄 수 있었습니다. 카나가와 네트워크 운동은 2,000명의 회원을 가지고 있고, 카나가와 현의 세이카츠 클럽은 60,000명의 회원들을 가지고 있으며 클럽회원 대부분이 여성입니다.

세이카츠 클럽이 1983년에 반세제 운동을 시작하였을 때, 나는 와카바다이의 15층짜리 아파트에 살고 있었습니다. 한때 아파트 단지의 파이프는 주부들이 파이프 안에 기름을 쏟아 부어서 막혀 버렸습니다. 그래서 나는 '안전한 생활', '깨끗한 생활'을 요구했고 사람들에게 송수관에 기름을 버리지 말라고 말했습니다.

내가 아오카게 타카코에게 시의회 출마를 위해 어느 정당에 입당했는지 물었을 때, 그녀는 '자신의 정당'인 카나가와 네트워크 운동을 가졌기 때문에 "NO"라고 대답하였다.

아오카게 타카코는 또한 나에게 그 카나가와 네트워크 운동이 1983년 선거에서 카와사키 시의회의 전체 입후보자로서 에츠다 테라다를 공천하였던 것, 그리고 1990년에 카와사키 시의회의(전체 의원수는 70명이었다) 15명의 의원들이 카나가와 네트워크 운동 소속이었다는 것을 알려주었다. 같은 해에 도쿄에서는 시의회의원들로 일하는 도쿄 세이카츠샤 네트워크 Tokyo Seikatsusha Network 출신의 20명의 회원이 있었다.

어떻게 세이카츠 클럽이 슈푸렌 또는 시민운동과 같은 다른 여성들의 단체와 다른지 물었을 때 그녀는 명확하게 다음과 같이 말했다. "다른 일반 여성 단체들이 단지 정부에 대해 요구하거나 정부가 그들에게 요구하는 일을 거부하는 반면에, 세이카츠 클럽은 세제 대신에 미생물 분해가 가능한 비누를 만드는 것 같은 대안과 해결책을 제안한다." 그녀는 또한 클럽에서 시의회에 대표를 보내는 것으로 장기적인 해결방법을 찾는다고 말했다.

중앙정치를 위한 클럽의 정치적 조직의 부재에 관해서 나는 클럽이 국가 수준에서 어떠한 정당과 특별한 관계를 가지고 있는지 그녀에게 질문했다. 그녀의 대답은 "우리는 사회당과 어떤 관계가 있고 그들을 지지하지만, 공식적이고 구체적인 연계를 가지지 않습니다. 각 선거에서, 우리가 정치접촉을 갖는 후보자들은 보통 자민당, 공산당 또는 공명당이 아니라 사회당의 후보자입니다. 그러나 우리는 우리 자신의 이슈를 가지고 그 쟁점에 대한 그들의 입장에 따라 후보자를 지지합니다. 예를 들면 농업에 대한 자유당의 입장은 세이카츠 클럽으로부터 많은 지지를 받습니다."

여성의 정치참여에 대한 중요한 사실이 상기 인터뷰에서 관찰된다. 첫 번째, 세이카츠 클럽은 클럽과 관계가 있는 '이슈'를 개진하기 위하여 그 지역차원에서 자신의 '정치조직'을 가지고 있는 것을 강조한다. 이전에 논의된 시민운동과 달리, 세이카츠 클럽은 장기적인 목표를 추진하기 위하여 정치 조직의 필요성을 인식하고 있다. 두 번째, 세이카츠 클럽이 국가 수준에서의 정치를 위해 사회당과 밀접한 연관이 있다는 것이 주목된다. 이것은 지역차원, 국가차원이라는 두 개의 정치적 실체의 연합으로 보여질지도 모른다. 그러나 세이카츠 클럽은 사회당과의 가까운 관계에도 불구하고 사회당으로부터 자립을 유지하는 것처럼 보인다. 그리고 사회당과 자신을 동일시하지도 않는다. 대신에 자신의 운동을 개진하기 위한 매체로서 전국 정당을 이용하고, 이런 독립적 태도는 다른 주요 정당들과의 '이슈지향적인' 협력관계에 반영된다. 이것은 기존의 정치조직에 흡수되는 경향이 있는 시민운동과는 아주 다르다. 세 번째, 세이카츠 클럽 회원의 대부분이 여성들이라는 것이고, 지방의회에 그들의 입장을 표명하기 위해 여성의원들을 보낸다. 이 세 요인의 결합은 시민운동과 달리 풀뿌리운동이 새로운 정치리더십을 양산하는 것에 호의적인 정치환경을 만들 수 있음을 보여준다. 그리고 여성이 세이카츠 클럽에서 눈에 띄는 역할을 하기 때문에 그들은 시민운동이라는 다른 종류의 풀뿌리 운동보다 정치경험과 인정을 얻는 더 많은 기회를 가지게 된다.

도쿄 세이카츠샤 네트워크Tokyo Seikatsusha Network, TSN 대표자 쯔보이 테루코Tsuboi Teruko 인터뷰[28]:

나는 1983년, 그리고 1987년에 도쿄 호야 시의 시의회의원으로 선출되었습니다. 시의회는 4년의 임기를 가집니다(나는 두 번 연속적으로 선출되었습니다). 나는 호야시장에 출마하기 위하여 1988년에 의원직을 사임하였으나, 선거에서 이기지 못했습니다. 나는 1979년부터 1983년까지 세이카츠 클럽의 15명 임원 중 하나였습니다. 임원들은 매년 시행되는 선거에서 클럽의회의 회원에 의해 선출됩니다. 관리자는 최소 2년을 일해야 합니다. 나는 내 아이들이 성장한 후에 처음으로 클럽에 참여했습니다. 1973년 석유파동은 운동을 위한 전환점이 되었습니다. 석유파동은 종이 부족을 야기했고 화장지는 사용할 수 없었습니다. 그래서 우리는 화장지를 만들기 위하여 신문을 재활용하기 시작했습니다.

28) 거기에는 세이카츠 클럽의 정치조직으로서 활동하는 세 개의 네트워크가 있다. 그들은 도쿄 세이카츠샤 네트워크 Tokyo Seikatsusha Network, TSN, 카나가와 네트워크 운동 Kanagawa Network Movement KNM, 그리고 치바 네트워크 Chiba Network이다.

쯔보이는 재활용을 더 효과적으로 하기 위해 재사용이 가능한 항목을 분리 용기에 넣는 것을 촉진할 수 있는 방법을 고심하였다. 그러나 쯔보이는 지방정부가 쓰레기를 수거하고 재활용하는 기존의 시스템(한 콘테이너 안에 모든 재활용품을 섞었다)을 바꾸고 싶어하지 않는 것을 알았다. 지방정치에 변화를 일으키기 위하여, 쯔보이는 1983년 시의회에 출마할 것을 결정하였고 4위로 당선되었다.

쯔보이는 또한 도쿄 세이카츠샤 네트워크는 이슈에 따라 보통은 사회당, 그리고 때때로 민주사회당 또는 샤민렌을 지지한다고 중앙정치에서 말했다. 그녀는 중앙정치에 관한 정당과 그들의 관계가 의존적이 아니라는 점을 단호히 하였다. 아오카게와 같이 쯔보이는 도쿄 세이카츠샤 네트워크가 어떤 정당과의 관계에서도 자율적 정치조직이라는 것을 되풀이하여 강조하였다. 그러나 대부분의 사회당 후보자를 제외하고는 후보자들이 소속 정당과 관계없이, 그들과 유사한 관점을 공유한 의회의원 후보를 지원했다. 그녀는 "우리의 독립적 정책은 JSP와 그 외의 정치접촉을 통해 의회에 반영된다"고 말했다.

아오카게처럼 쯔보이는 단지 '요구'가 아닌 대안적 '해결'을 제공한다는 점에서 세이카츠의 장점을 보여주었다. "일본에서의 일반적인 분위기는 '요구형'이다. 그것은 시민운동의 요구형이다. 그들은 오직 요구할 뿐이다. 이것이 의회의원이 그들의 선거구에 오미야게(omiyage, 선물)를 주기 위해 사람들의 돈을 쓰고 나누는 이유이다. 그러나 세이카츠 클럽은 오직 요구만을 하지는 않는다. 그들은 대안정책을 제공하고, 상품을 만들어 생활 방식을 창조한다. 그리고 우리는 지역이슈에 있어서 목표를 이행하기 위해 정치후보자를 지방정치에 보낸다."

쯔보이와의 인터뷰에서 흥미로운 것은 그녀의 일본정치에 대한 견해이다. 정치인에 대한 사람들의 요구 때문에 일본정치를 부패 또는 정부 보조금 정치(정치가는 그들의 선거구에 선물을 주기 위해서 사람들의 돈을 이용한다)라고 부른다. 그래서 일본인은 정치에 대한 이 일반적인 '요구'태도를 보완하기 위해서 소비자단체 또는 시민운동을 형성한다. 쯔보이는 세이카츠 클럽이 상품을 만드는 것뿐만 아니라 정치에 대한 활동적이고 직접적인 참여를 통하여 대안의 해결책을 제공한다고 주장한다. 세이카츠 클럽은 목표를 추진할 상설조직을 가지고 있기 때문에 '대안적인 해결책'을 제공하는 것이 제작된 상품의 형태로든지 또는 직접적인 정치참여 형태로든지 가능하다.

정치에 대해 그들이 공유하고 있는 관점과 세이카츠 클럽에 대한 헌신에 더하여 인터뷰 대상자들에게 관찰되는 또 다른 공통된 점이 있다. 그들의 주요 관심사는 생태학적인 이슈이고 소비자와 생산자 사이의 관계 개선이다. 생태학적 이슈에 대한 그들의 관심은 그들의 일상생활에 영향을 준 것들, 예를 들어 화장지 부족, 복잡한 아파트 단지의 막혀버린 파이프, 세제에 의한 식수오염 등에 의해서 시작되었던 것으로 보인다. 그러나 이런 것이 증가하는 여성정치참여나 일반적인 여성이슈에 관심을 나타내지는 않았다.

또 하나의 공통점은 클럽에 참여하는 여성의 연령이 상대적으로 높다는 것이다. 두 명의 인터뷰 대상자 모두 40세 이후에 클럽에서 활발하게 참여하게 되었다. 그것은 여성이 아동양육이나 다른 가정의 의무에서 벗어나 활발하게 활동하기 전에, 아이들이 독립할 만큼 충분한 나이로 성장할 때까지 기다리는 것이 일본주부의 관행이기 때문이다. 주부로서 그들의 우선적 임무에서 벗어나 시간과 에너지를 요구하는 활동들에서 자유로워져야만 그들은 아동양육에 집중할 수 있다. 양육에서 자유로워질 때까지의 이 기다림은 여성들의 자명한 정치적 재능에도 불구하고, 이들의 정치적 경력 시작을 지연시켰다는 점에서 의심의 여지가 없다. 그러나 젠더의 제약에도 불구하고 어느 누구도 공적 생활에서 그들의 참여를 지연시킨 사회적 젠더 규범이나 사회 구조에 불만을 토로하지 않았다. 그들이 비록 '주부'로서의 일상에 영향을 끼치는 일본인 생활방식의 다른 측면을 바꾸기 위하여 열망할 지라도, 그들은 생활방식으로 그 시스템을 받아들였던 것으로 보인다. 결론적으로 여성의 문제는 인터뷰 대상자들 중 누구도 언급하지 않았다.

세이카츠 클럽은 활동과 전략적인 측면에서 보면 다른 소비자 조직이나 시민운동과는 다른 것으로 보인다. 그러나 노교(농업협회)와 니쿄소(Nikkyoso 일본 교사 연합, 일교조) 같은 이익집단과 전략적인 유사점들을 공유한다. 노교와 니쿄소처럼 그 클럽 또한 선거에 대표자를 보내 정치에 영향력을 미치길 열망한다. 노교와 니쿄소가 의회에 대표를 보내는 반면, 세이카츠 클럽은 밑으로부터 개혁을 주장해서 중앙정치에 직접적으로 관여할 계획을 가지고 있지는 않다. 이 정책의 근거는 실제적이고 건강한 변화가 오직 자치방법을 배우는 것으로부터 온다는 클럽의 철학에서 알 수 있다. 이 자치 과정은 지방정치 또는 정치가 사람들의 생활에 즉각적이고 직접적인 영향을 주는 수준에서 시작된다.

일본 중앙정치에 젠더 불균형을 바꾼 그 클럽의 가능성에 대한 전망은 무엇인가? 지방정치에서의 여성의 증가가 머지 않아 전국 민선직에서도 여성의 증가를 가져올 것인가? 이 질문에 대한 해답은 "Yes"인 것으로 보인다. 이전 장에서 본 것처럼 의회의원 다수는 지방 정치에서 어떤 배경을 가지고 있다. 여성들이 평범한 소비자조직보다 훨씬 더 넓은 범위의 목표를 포함하는 클럽 활동을 통하여 대중의 관심을 얻게 되면, 정당은 그들을 중앙정치에 모집하려고 할 것이다. 세이카츠 클럽은 사회당과 공산당에서 출마한 후보들을 지지하고 있지만 그들이 전략을 바꿔 자신들의 후보를 의회에 공천할 가능성을 배제할 이유는 없다. 또는 이미 지지하였던 당과 연합할 수도 있다. 세이카츠 클럽은 효율적인 선거운동을 위해 활용될 수 있는 조직적인 네트워크를 가지고 있다.

그러나 중앙정치에 여성의 참여를 증진시키는 세이카츠 클럽의 잠재력에는 한계가 있다. 무엇보다도 클럽은 지금까지 중앙정치에 대한 그들의 관심을 부인해 왔다. 클럽의 국제 매니저인 마루야마 시가키에 따르면 그들은 가까운 장래에 중앙정치에서 그들의 후보자를 출마시키는 것으로 직접적이고 적극적으로 활동할 계획을 가지고 있지는 않다(필자와의 인터뷰, 1990. 8. 17). 언급된 바에 따르면, 이것은 부분적으로는 클럽의 철학 때문이고, 어느 정도 재정 상의 제약들과 관련이 있을지도 모른다. 비록 이 재정적인 면이 인터뷰한 회원들에 의해 언급되지 않았고 클럽의 어느 출판물에서도 언급되지 않았지만, 재정적인 문제는 선거운동에 포함된 막대한 비용과 기탁금 요구, 그리고 상대적으로 짧은 역사를 고려해 볼 때 세이카츠 클럽이 가진 잠재적인 제약으로 보는 것이 적절하다. 게다가 대부분의 회원이 여성이라고 하는 사실은 분명히 한계점이다. 일본사회에서 여성은 다른 사회와 마찬가지로 많은 돈을 가지고 있지 않고 기업 역시 여성후보에게는 조금도 투자하고 싶어 하지 않는다.

중앙정치 임무에 여성후보를 내보내기 위한 세이카츠 클럽의 능력의 또 다른 한계는 정책 이슈가 가정과 지방에 초점을 맞춰 상대적으로 한정적이라는 것이다. 지역정치의 개선에 의한 사람들의 복지에 대한 헌신 때문에 그 클럽은 일상생활에 영향을 끼치는 것보다 더 큰 이슈들에 관해서는 언급하지 않는다. 세이카츠 클럽은 경제나 안보에 관계되는 외교정책에 대해 명확한 입장을 가지고 있지 않다. 그 클럽의 성명서는 국제평화와 특히 핵전쟁 같은 전쟁의 폐지를 언급하지만, 이 정서는 소수의 국수주의 집단을 제외하고 정치적이거나 비정치적인 모든 일본 조직에 의해 언급되는 내용이다. 그 집단들의 정책 진술에서 반전 진술을 포함하는 것은 거의 의무적이다.

5
한국의 풀뿌리 운동

평범한 여성의 정치적 열망의 가장 중요한 변화는 1970년대와 1980년대 사이에 군사정권 하의 억압정치의 결과로 일어났다. 1960

년대 초 박정희대통령은 수출주도의 경제성장 정책에 착수했다. 경제개발 5개년 계획이라는 목표 아래 경제정책은 15년 동안(세 번의 경제개발 5개년 계획) 끊임없이 진행되었고, 한국은 몇몇 해에는 두 배 이상의 성장률을 기록하면서 전례가 없는 경제성장과 번영을 경험했다. 그러나 이러한 성장은 많은 희생을 요구했다. 빈부격차는 커졌으며 성장의 부담은 수출산업들이 노동집약적이고 낮은 기술 영역에 집중되었기 때문에 어린 남녀 비숙련 근로자들의 희생으로 나타났다. 대학생들과 정치동아리 사이에 널리 퍼진 불만과 예상되어왔던 실제적인 근로자의 불안에 대응하는 수단으로서, 박정희 대통령은 국가안보를 구실로 많은 강압적인 조치를 취했다. 어떤 희생을 치르더라도 경제번영을 추구하려는 그의 정책은 다른 비민주적 조치와 함께 그를 평생 대통령직에 머무르게 하고자 했던 1973년 유신체제의 제도화로 정점에 이르렀다. 여성이 정치에서 그들의 역할을 발견하고, 한국에 민주주의를 야기한 잠재적 행위자가 되었던 것은 이런 정치적인 상황에서였다. 그들의 저항운동은 30년간의 긴 군사정권이 1990년대 초기에 민주적으로 선출된 문민정부에 의해서 밀려날 때까지 계속되었다.

억압적인 정치환경이 어떻게 여성들에게 정치변화를 위한 행위자가 되는 기회를 제공하였는가? 이 여성들은 누구이고, 정치에 뛰어든 동기는 무엇인가? 이 저항운동에 참여했던 많은 여성집단이 있다. 일부는 공장 근로자였고, 또 다른 일부는 대학생들이었다. 공장 여성근로자의 저항, 특히 1970년대 말과 1980년대 초의 동일방직과 YH 무역회사의 저항은 정치에 커다란 충격을 주었다. 그들은 개개

회사의 경제적, 도덕적 불평등에 대해서 항의하였다. 1980년대 많은 남녀대학생들은 공장 근로자들의 곤경을 이해했을 뿐 아니라 경제적인 정의를 모색하기 위해 그들의 투쟁에 직접적으로 참여하였다. 일부는 대학을 포기하였고 그들의 경제적 평등을 추구하도록 도와주기 위해 공장 근로자와 합류하였다 (김승경, 1997). 이 사람들은 10대 후반이었던 몇몇을 제외하고는 대부분 20대였다.

그러나 전통적인 의미의 저항운동에는 맞지 않았던 여성단체가 있었다. 그들의 사회경제적인 배경은 다양했지만, 몇 가지 비슷한 속성들을 공유했다. 그들 대부분은 40대 후반 이상인 주부였다. 한국사회는 이 연령대의 여성들에게 '어머니'라는 독특한 대명사를 부여한다. 그들은 정부와 적대관계를 가진 가족구성원을 한 명 이상, 때때로 여러 명을 가지고 있는 경향이 있다. 이 작업은 두 가지의 주요한 이유로 인해 이러한 여성단체에 주목한다. 우선, 그들의 의지나 선택이 아니라 그들의 통제를 넘는 힘에 의해 정치세계에 던져지기 전까지 그들이 본질적으로 정치에 무관심했다는 것이 가장 흥미로운 점이다. 둘째로, 정치경험의 부재에도 불구하고 그들이 정치에 대한 초자연적인 감각을 보여준다는 점이다. 그들은 매우 세련된 정치적 전략가이자 정치적 존재로 입증되었다. 나는 그들이 불리고 싶어 하는 것처럼, 또한 한국 사회가 그들을 부르는 것처럼 그들을 어머니라고 부른다. 다음의 논의에서, 나는 어떻게 이 어머니들이 정치에 참여하게 되었는지, 그리고 그들의 목표를 이루기 위해 어떻게 전략과 이데올로기, 정치적 신념을 달성하였는지 간단하게 설명할 것이다.

이소선은 아마도 저항자들의 그룹 중에 가장 본보기가 되는 사례

일 것이다. 이소선은 봉제노동자들의 공정한 대우를 호소하며 그 자신을 희생했던 전태일의 어머니다. 그녀는 교육을 받지 못했고 아들의 죽음 이전까지 정치에 거의 관심을 가지고 있지 않았다. 정치적 순교자의 어머니로서 그녀의 주목할 만한 성과는, 교육도 받아본 적 없고 정치에 무관심한 경우에도 문제를 지각하면 성공적인 정치 행위자가 될 수 있다는 것을 증명해 준다. 이소선 여사의 경우, 아들이 그의 삶에서 희생을 각오했고 그가 끝맺지 못한 일을 그녀가 맡아야 한다는 것을 이해하고 인식할 수 있었다. 이소선은 한편으로는 학생과 지식인, 그리고 다른 한편으로는 교육받지 못했고 무시되는 근로자로 양분된 정치진영을 모으는 중추가 되었다. 학생과 지식인 집단은 후자의 경제곤란은 안중에도 없이 정치적인 자유만을 요구했고, 경제적 평등과 정치 민주주의 사이에서 어떠한 공감도 확인할 수 없던 근로자 집단은 단지 부의 공정한 분배에 대한 요구만을 내세웠다. 이소선의 아들의 죽음은 한국 저항운동의 양분된 진영을 집중시키는 배후의 힘이었다. 이소선은 계급 차이에도 불구하고 엘리트 저항자 집단을 적대시하기보다는 그들이 가진 공통의 주장을 이해하려 했다. 그녀는 엘리트와 근로자가 상호이익을 위해서 공유할 수 있다고 보았고, 그래서 두 집단에 진심으로 지지를 보냈다.

전태일은 수출주도 경제성장의 혹독한 추구로 인한 첫 번째 공식적 희생자였다. 평화시장 피복공장 노동자였던 전태일은 다른 노동자들, 특히 여성 노동자의 근로조건을 개선시키기 위하여 자신을 희생하였다. 1970년 11월의 어느 추운 날, 근로조건개선이라는 근로자들의 요구에 대한 노동청의 약속이 파기되고, 계속되는 경찰의 압력

속에 전태일은 과감한 조치를 취하기로 결심하였다. 그는 몸에 불을 붙이고 화염에 싸여 거리로 뛰쳐나갔고 그의 몸에서 연기가 치솟았다. 그의 가슴엔 근로기준법 책이 있었다. 서늘한 가을 공기를 산산이 부순 것은 기계가 아니라 인간으로서 대우받기 위한 그의 필사적인 호소였다. "우리는 기계가 아니다"는 그가 죽음에 뛰어들며 외친 말이었다. 그는 며칠 후 병원에서 죽었다. 유언으로 그는 어머니에게 "내가 못다 이룬 일, 어머니가 꼭 이루어주십시오"라고 말했고 피복공장 친구에게 "내 죽음을 헛되이 말라"고 하였다. 그의 친구들은 약속하였고 그의 어머니는 그의 바람을 이루기 위해 살았다(이소선, 1990).

회고해 보면, 근로자들이 공장과 노동청에 요구했던 것은 대단한 것이 아니었다. 그들이 요구했던 것은 근로기준법의 존중이었다. 하루에 9시간 노동, 휴일 엄수, 환풍기 설치 등이 그것이다. 당시 전체 126명인 평화시장의 공장근로자 중 95%(120/136)가 하루에 대략 14~16시간동안 일했다. 99명의 근로자들은 결핵, 영양부족, 통풍 문제로 고통 받았고, 102명의 노동자들은 일종의 소화장애로 고통받았다(앞의 책). 이 통계수치는 근로자 대부분이 병으로 고통 받았다는 것을 보여준다. 근로자들은 매주 일요일이 아닌 한 달에 두 번만 쉬었다. 그의 죽음은 대중에게 충격의 물결을 일으켰다. 신문에서도 한국인이라면 한번 이상 가봤던 평화시장의 근로조건을 기술한 글을 실었다. 단테의 지옥 상태를 반영하였던 전태일의 죽음과 근로조건의 고발은 더 많은 사람들이 행동하도록 독려하였다. 어떠한 정규교육도 받지 않은 그의 어머니 이소선은 전태일의 비참한 죽음으로 민주운동과 인권활동의 확고한 후원자가 되었다. 이소선의 당면 목표는 죽은 아들의 꿈을 실현하는 것이었다. 평화시장 피복노동자들에게 노동조합의 설립은 노동자들의 대우를 향상시키기 위한 첫 번째 단계였다. 공무원들이 이소선을 설득하려 했을 때, 그녀는 전혀 타협하지 않았다. 이소선은 노동조합을 위한 사무실을 지속적으로 요구하였다. "만약 내가 노조사무실을 가질 수 있게 되면, 나는 집에 갈 것입니다." 아들의 희망은 이소선이 타협할 수 없는 목표가 되었다. 정부의 압박과 대립 사이에서 이소선의 고집과 냉혹한 노력을 통해 마침내 피복노동조합이 조직되었다. 그러나 이 조합은 박정희 암살 후 스스로 대통령이 된 전두환에 의해 강제적으로 폐쇄되었다. 이소선은 노동조합 조합원으로서 자신의 활동뿐 아니라, 아들의 죽음 이후 잘 알게 된 민주투사들을 돕기 위해, 활동과정에서 자신의 정치적 기술과 타고난 재능을 활용시켰다.

60대 후반의 조여사도 유사한 이야기를 가지고 있다. 조여사의 아들은 1974년 또는 1975년 대학생일 때 처음 투옥되었다. 조여사는 대학 2학년인 아들이 시위의 주동자로 알려진 것에 대해 확신하지 않았다. 1980년대와 현재의 정치에 대한 조여사의 지식이 대조적임을 보여준 당시 그녀의 낮은 수준의 정치지각의 명확한 지표는, 아들의 시위가 유신체제 또는 한일관계와 관련된 것이라 생각했다는 점이다. 즉 조여사는 중대한 역사적인 정치이슈에 대해 혼동하고 있었던 것이다. 그 아들은 수개월 동안 투옥되었고 그 사건으로 퇴학 당했다. 출감하자마자 그는 노동운동에 뛰어들었다. 그 후 노동운동 뿐 아니라 다른 민주주의운동에도 깊게 관여했다. 그의 정치활동과 계속되는 정부와의 어려움은 조여사의 정치지각에 직접적인 영향을 주었고, 결국 조여사는 교도소에 있는 아들에게 외부세계와의 유일한 매개체가 되었다. 특히 1998년 민주 선거에 의해 대통령이 된 김대중이 정부를 전복하려 했다는 음모로 고발되었던 광주민주화운동 이후 조여사는 한국의 인권상황을 전세계에 알리는 강력한 대리인이 되었다. 이것은 김대중이 사형선고를 받은 조작된 김대중 내란사건으로 알려져 있다. 조여사에 의하면 그녀의 아들은 심문을 받는 동안 소름 끼치는 고문 때문에 몇 번이나 의식을 잃었다. 그 뒤 그는 10년형을 선고를 받았다. 감옥에서 판결을 기다리는 동안 그는 부산 미문화원 방화사건에 연루되어 다시 고소되었다.

70세가 되어가는 이정주(2000) 여사는 자서전을 썼다. 여기서 이여사는 자신이 보통의 어머니에서 민주주의 투사로 점차 변해가는 과정을 기술한다. 1980년대에 이여사는 인권에 관한 저항운동에 참가하였다. 이여사의 아들이 1980년대에 반정부활동으로 처음 체포되었을 때 어떻게 자신이 아들을 비난하고 비판했는지를 상기한다. 이여사는 아들을 잘 돌보고 기르지 못한 것에 대해 경찰에게 사과했고 "아들을 잘 타이르겠다"고 약속한 것을 기억했다. 교도소에 있는 아들을 돌보는 동안, 이여사는 다른 정치범들과 접촉하고 또한 권력자들의 행태를 관찰할 기회를 가졌다. 이러한 관찰의 결합이 이여사를 완전히 변하게 했고 여러 번 투옥될 정도로 한국의 민주주의를 위해 맹렬한 전사가 되였다.

유사한 경험을 공유한 많은 여성들이 있고, 그들의 공유된 경험은 자발적으로 공통된 이슈를 토의하도록 그들을 협력시켰고, 그들의 가족과 한국의 민주주의를 위해 기원하도록 했다. 정치와 관련된 활동은 가족 구성원이 혹독한 군사정권 동안 겪은 정치적 시련으로 인해 시작되었다. 군사정권 동안 반체제 인사였던 문익환 목사의 아내인 박용길은 반체제인사 아내들의 정치적 모임이 시작된 1974년 부활절 기도회를 회상한다. 부활절 주일 아침에 남산에서 거행된 그 기도회는 성직자가 민주주의에 대한 필요성을 주창하는 전단을 배포하기 시작하면서 정치집회로 변하였다. 결과적으로 이 집회의 주체였던 성직자와 정치적 반대자들은 체포되었고 대중을 선동했다는 이유로 교도소에 투옥되었다. 이 행사로 지금까지 정치경험이 전무했던 가족구성원들, 특히 대부분의 아내들이 모이기 시작했다. 어디로 가야 하는지, 무엇을 해야 하는지 알지 못한 채, 그들은 기독교협회 건물에 모여 함께 슬퍼하고 함께 울었다. 그후 그들은 '목요기도회'라고 칭하는 정기모임을 결성하였다. 이것은 1985년에 조직되었고 후에 정식으로 설립되는 민주주의가족협회(민가협)의 선봉이 된다.

한국독재시대의 정치에 저항했던 대부분의 어머니들은 한번씩은 이 민가협의 멤버였고 지금까지 한국의 민주화를 증진시키기 위해 계속 일하고 있다. 민가협 결성 이후에 많은 회원들이 분리되어 그들 자신의 조직을 형성했다. 그러한 조직 중 하나가 유가족협회(유가협)이다. 유가협 회원 대부분은 정부에 반한 활동의 결과로 죽은 이들의 부모들이다. 일부는 경찰에 감금되어 죽었고, 다른 사람들은 군복무(그들의 대부분이 대학에서 내쫓기거나 정학된 후 군대에 들어갈 것을 강요받았다) 중에, 그리고 많은 사람들이 분명하지 않은 이유로 죽었다. 유가협의 대표인 박선생은 경찰의 심한 고문으로 그의 아들 박정철을 잃었다. 이소선 또한 협회의 회원이다. 유가협의 주 목적은 고인을 위해 정의를 구현하는 것이다. 아직 살아있거나, 감옥에 있거나, 자유롭거나, 정부의 강압에 의한 직접적이지 않은 결과로 죽은 가족 구성원을 가진 어머니들로 구성된 민가협에 반하여, 유가협의 회원은 정부의 손에 의해 그들의 가족을 잃었다. 한국을 민주화하려는 그들의 공유된 목표에도 불구하고, 이러한 차이점은 유가협이 그들의 독특한 상황에 집중하기 위한 독립된 조직에 대한 강력한 필요성을 느끼게 만들었다. 유가협 회원 중 한 명은 다음과 같이 말하였다. "민가협 어머니들은 언젠가 그들의 가족이 집으로 돌아올 희망을 가지고 있지만, 우리는 그러한 희망의 사치를 가지고 있지 않다. 우리 아이들은 죽었다." 목요기도회의 회원 또는 민가협의 회원으로 활동을 시작했더라도 그들 자신의 단체를 형성시킨 또 다른 그룹의 어머니들이 있다.

여기서 중요한 이슈는 어머니들이 정의를 모색하기 위해 또는 그들 가족구성원을 돕기 위해 집단행동에 참여함으로써 비정치적 존재에서 정치적 행위자로의 전환과정을 겪었다는 것이다. 그들의 정치적 행동을 실천하는 과정에서 그들 가족 문제를 넘어 의제를 세우고 정치적 이데올로기를 얻었다. 민가협은 한국의 독립운동이 시작된 역사적 장소인 탑골공원 앞에서 매주 목요일마다 대중집회를 연다. 이 장소는 자유와 정의를 위해 상징적인 의미를 갖고 있다. 정치범의 석방과 더불어 최근의 이슈는 일본식민정책의 잔재이자 한국에서 진정한 민주주의를 달성하기 위해 주요한 제도상 장애물이라고 여겨지는 국가보안법 폐지문제이다. 많은 한국인 사이에 여전히 퍼져 있는 북한에 대한 불신은 별개의 문제로 하고, 어머니가 새로운 생각을 위한 비판적인 행위자라는 사실은 한국에서 정치적인 변화를 위해 중요하다. 이전의 민주주의 투사들이 국회의원으로 선출된 2000년 선거를 볼 때, 공산주의자로 그들을 매도하려고 했던 정부의 노력에도 불구하고, 과거 정치와는 다른 근본적인 변화가 진행중인 것처럼 보인다.

6 결론

갈등이론의 지지자들에 의하면 자발적이고 분산된 운동조직은 대중참여로 집중화된 운동조직보다 더 선호되어 대중 민주주의를 이끄는 수단으로서 주장되고 있다. 카만 L.J. Calman은 "정부를 움직이는 것에 덜 효과적일지라도 분산된 운동이 조직화되고 대중의 참여를 넓히며 새로운 생각과 전략을 발전시키는 데에 더 적합해 보인다"라고 설명한다. 유사한 논의가 미국 여성운동에서 나타난다 Mareen L. Lockwood, 1978, 178-196.

시민운동이 활발한 지역에서 일본의 지방민선직에 진보주의자를 진출시킨 사례들을 관찰한 쿠로다 야스마사는 새로운 스타일의 정치 발전을 예견하였다. 그는 시민운동이 일본에서 풀뿌리 수준의 민주주의로의 점차적인 변화를 위한 힘으로 보여질 수 있다고 주장하였다. "일본인은 미국인, 중국인, 이집트인, 프랑스인, 그리고 러시아인이 경험했던 차원의 어떠한 혁명도 결코 경험하지 못했다. 시민운동의 발전은 자발적이었다. 그 운동은 혁명을 달성할 만큼 충분히 기본적이고 일반적인 것으로 보인다. 결국에는 우리가 일본정치에서 관찰한 것은 일본의 참여민주주의 확립을 향한 중요한 지표로 나타날지도 모른다" Y.Kuroda, 1972. 츠루타니도 비슷한 주장을 펼친다.

미치오 무라마츠 Michio Muramatsu, 1975, 15(9), 799-816는 야당이 대도시와 주요 현縣에서 중요한 직책을 통제하는 것의 중요성을 무시하지 않지만, 그럼에도 불구하고 그 현상은 시민운동에서 분리된 것으로 본다. 그는 고위직에 대한 통제는 특정한 다른 조건과 만나지 않는 한, 중앙정치에서의 개혁주의자 승리의 척도가 될 수 없다고 경고한다. 그는 지방직에서는 보수주의자가 의회의 대부분을 장악했기 때문에 진보주의자들은 단지 주요 행정직만 수행한다고 보고한다. 유일한 예외는 교토이다. 보수주의자들에 의한 의회의 장악은 진보적인 행정가가 그를 행정직으로 보내준 사람들의 의견을 반영하는 것을 어렵게 만들었다. "요코하마 시장인 카즈오 아스카타는 자신의 경험을 마치 헬리콥터로 수송되어 적진 앞에 내려진 느낌이라고 말하곤 했다"(앞의 책, 811).

일본에 풀뿌리 민주주의를 가지고 온 시민운동의 공헌에 대한 낙관적인 관점과는 대조적으로, 나의 연구는 시민운동의 배상지향적인 특징이 새로운 유형의 리더십을 양산하는 데 실패했고, 따라서 중앙정치에 여성참여를 촉진시키지 않았다는 것을 지적하고자 한다. 실패의 이유는 다음과 같다. 기존 지방조직에서 독립한 공식적이고 자율적인 조직의 부재, 명료하게 표현되는 장기적 목표의 결핍, 폭넓은 연합을 방해하는 희생자와 비희생자 집단의 분리, 그리고 공식적이고 영구적인 회원의 부재를 들 수 있다.

맥킨(1980)은 시민운동 지도자의 대다수가 기존 공동체조직의 지도자들인 것을 발견한다. 이처럼 그녀는 풀뿌리운동인 것처럼 보이는 것에 속지 않도록 우리에게 경고한다. "분산되고 열려 있고 전적으로 자발적이라고 넓게 환호받은 운동은 기존 조직의 뼈대에 기초를 두고 있다는 것을 증명할 수 있다." 이와 같이 시민운동에서 여성리더십의 출현에 대한 전망은 시민운동의 회원 다수가 여성일지라도 조직의 지도부가 전부 남성이라는 사실을 볼 때 훨씬 가혹한 것으로 보인다. 그 유일한 예외는 회원이 단지 여성들만으로 구성된 시민운동뿐이다 McKean, 1981, 127 .

대조적으로 세이카츠 클럽은 다른 지역단체들로부터 조직적 자율성과 명료하게 표현된 목표를 가지며, 지방정치에 여성 정치지도자를 진출시키는 데 성공적이었다. 지방정치에서 이러한 여성의 성공이 중앙정치에 영향을 미칠 수 있을 지의 여부는 여전히 논의되어져야 할 문제다. 좁게 정의된 클럽의 목표와 자급자족과 자치에 대한 철학적 강조는 그 영향력이 지역차원을 넘어서는 데 장애가 될 수도 있다. 게다가 클럽은 중앙정치에 직접적으로 영향을 미칠 야심이나, 또 아래에서 위로의 변화라는 기본 이념의 변화를 아직 공표하지 않았다.

세이카츠 클럽은 지역사회 변화에 영향을 미치는 것에 머무르지 않고 중앙정치에 직접적으로 영향력을 끼치려고 시도할 것이다. 그러한 결말은 높은 수준에서의 변화가 더 낮은 수준에서의 변화의 논리적이고 자발적 결과로서 일어난다는 클럽의 기대와는 반대일 것이다. 클럽의 기본 원칙들이 효율성을 제한한다는 것이 증명된다면, 클럽은 그들의 방향을 아래로부터의 변화에 대한 공약에서 더 높은 수준에서의 구조적 변화로 바꿀지도 모른다. 어쨌든 세이카츠 클럽의 대표자가 1965년 창설 이후 계속 남성이었던 것은 흥미롭다. 이 관례에 대한 해명은 대부분이 남성인 다른 지도자들을 다루어야 하기 때문에 행정관리직이 여성에게는 극도로 힘들다는 것이다. 이 논쟁은 전체 사회가 남성 네트워크에 의해 이루어지므로 남성지도자들이 다른 남성지도자들과 일하는 것을 더 편하게 여기는 것으로 진행된다. 이런 문화적 성벽은 진보적 소비자 단체에서조차도 결코 무너지지 않았다.

요약하면, 일본에서 시민운동이 기존 지역단체에 흡수되는 등 새로운 유형의 정치리더십 양산에 실패한 반면, 세이카츠 클럽은 지방정치에 여성을 진출시키는 데 상당한 성공을 거두었다. 두 풀뿌리운동 사이의 차이는 장기적 목표를 위한 회원을 가진 자율적이고 잘 확립된 조직의 유무이다.

이와는 다르게, 한국의 풀뿌리운동은 전적으로 다른 특징과 효과를 지닌다. 이러한 차이는 부분적으로 양국의 정치적 배경의 차이에서 기인한다. 한국 풀뿌리운동이 본질적으로 민주화 쪽으로 방향을 돌렸기 때문에 기존 정당이 저항단체로부터 충분한 신뢰를 얻을 수 없었던 것은 당연하다. 심지어 유가협과 같은 보상지향단체조차도 기존 조직에 흡수된 증거는 거의 없다. 보상지향의 일본 시민운동과 유가협이 다른 가장 커다란 이유는 최초 참여자의 열망에 있다. 전자가 그들의 건강문제 이전에 정치 안건을 가지고 있지 않는 반면, 후자는 죽은 사람들로 인해 정치적 안건이 이미 설정된 유가족에 의해 형성되었다. 그들의 목표는 고인들이 범죄자가 아닌 한국의 민주주의를 위해 죽은 사람들로 기록되게 하는 것이다. 그들의 장기적 목표는 정치적인 신념이나 믿음, 활동 때문에 정부의 압력을 받지 않도록 한국에서 민주주의를 확립하는 것이다.

한국에서 자발적인 풀뿌리운동은 이같이 기존의 정당들 또는 기존 정치전문가나 조직의 도움 없이 내부로부터 대중의 관심을 이끌어 내었다. 풀뿌리조직의 자율성에 대한 이유는 한국의 정치환경에 이미 속해 있는 기존 단체 또는 조직의 이익과 모순되고 대립된 그들의 열망적인 목표와 많은 관련이 있어 보인다.

06 결론

나는 이 책에서 정치가로서 여성의 성공에 영향을 미치는 공식·비공식적인 구조와 문화적 다양성의 변수 탐구를 시도하였다. 일본의 전통문화와 자유민주주의의 서구 정치제도 사이의 불화합에서 발생한 긴장은 독특한 일본 스타일의 민주주의를 창조했다. 일본정치는 다른 학자들에게는 '엘리트 민주주의'였던 반면, 일부 학자들에게는 '후견인-피후견인' 관계의 확장이었다. 그것이 '엘리트주의 민주주의'이든 '후견인-피후견인 관계'이든 여성은 여러 측면에서 정치적 범주에서 배제되어 왔다. 의회 안의 여성의원 수가 적은 것은 이 점을 단적으로 나타내며, 정당 안에서 그들의 역할은 이 점을 강화시킨다. 한국여성도 과거 반세기 동안 입법기관에서 직접적인 역할을 거의 가지지 못했다. 한국정치는 일본으로부터의 해방 후 15년 간을 제외하고, 군부독재에 의해 통치되었다. 따라서 한국의 경우 여성참여를 위한 돈의 역할 또는 정당의 후보모집과정과 같이 일본에 사용된 분석방법의 적용은 어려웠다.

후기 해방시기에 정치 시스템의 차이는 차치하고, 20세기 전반기에 한국과 일본 여성들의 정치적 행동주의는 인상적인 유사점이 있다. 이 유사점은 20세기 후반기에 여성의 정치적 기회에 대해 비슷한 효과를 낳은 것처럼 보인다. 그리고 동기에 있어서도 정치적으로 적극적이 되려고 한다는 점에서 비슷하다. 20세기초 한국과 일본의 여성이 영향력 있는 정치행위자가 되었을 때, 여성들은 여성이슈의 주창자가 아니라 국가이익의 수호자가 되었다. 여성들이 젠더에 대한 구체적 관심으로 정치와 관련을 맺었을 때조차 여성은 국가주의nationalism라는 더 폭넓은 이슈에 몰두했다. 예를 들어, 일본여성들은 '일등 국가'라는 국가의 목표를 지지했고, 국제정치에서 일본의 위상을 높이기 위한 군사적 노력을 지원했다. 한국 여성도 국가의 우선적 대의, 즉 일본으로부터의 독립을 위해 기여했다. 그래서 한국과 일본 여성의 젠더에 대한 관심은 세기 전환기의 역사적 필요에 의한 국가적 요구로 밀려날 수밖에 없었다.

일본여성은 일본을 근대화하려는 메이지 정부의 노력의 결과로서 정치적 삶을 경험하기 시작했다. 다른 후기개발도상국가들과 식민지를 경험한 국가들의 경우처럼, 일본 페미니스트운동은 제국주의 열강에 맞서 국가의 이익을 증진시키려는 움직임의 중심에 있었다. 바꾸어 말하면, 여성운동은 처음부터 일본을 근대화시키기 위한 국가주의운동의 일부분이었다. 그래서 여성운동은 여성 이슈에만 관심을 가질 수는 없었다. 일본에서 국가이익에 종속되지 않는 자율적 여성운동의 부재는 여성운동의 방향이 국가의 방향에 의해서 결정된다는 것을 의미했다. 그래서 여성의 지위를 개선하려는 초기 노력은 이후 전쟁의 효율성을 높이기 위해 일본정부가 지원한 여성단체들로 인해 희미해졌다. 결과적으로 많은 아이들을 양육해야 하는 수갑으로부터 여성을 해방시키기 위한 히라츠카의 노력은 "국가안보는 부엌에서부터"라는 새로운 표어 아래 묻혀 버렸다. 그리고 일본에서 가장 저명한 여성참정권론자인 이치카와는 여성의 정치적 권리를 획득하려는 일생의 과업을 포기해야만 했고, 1930년대말 일본의 군사적 팽창을 위한 지원을 동원하려는 정부의 노력에 협력해야만 했다.

국가이익으로부터 독립된 자율적인 여성의식의 결핍뿐만 아니라, 일본의 여성지도자들은 일본여성 다수의 지지도 얻지 못했다. 그들은 '전통여성'으로부터 분리되어 '근대여성'으로 불렸다. 일본여성은 그렇게 근대여성이라 불리는 이들을 공산주의자 또는 윤리적으로 부도덕하다고 의심했다. 이 의심은 정치적으로 활동했던 여성들이 전쟁 전에 사회주의 사상을 공유했거나 남성 사회주의자들과 매우 가까운 관계를 가졌기 때문에 근거없는 것은 아니었다. 그리고 근대 여성들은 종종 전통여성의 결혼생활을 깨뜨리고, 기혼남성과 성관계를 가졌다. 일본 대중여성으로부터의 지지 결여는 차치하고 여성지도자들은 중간계층 또는 사회적으로 소외된 노동계급 여성들을 '여성운동'에 포함시키려는 노력을 하지 않았다.

이것은 제2차 세계대전의 종식으로 여성에게 참정권의 문이 열리기 전까지 한국과 일본의 여성에게 여성이슈를 개발하고 증진시킬 수 있는 기회가 거의 미비했다는 것을 의미했다. 갑작기 정치적 기회가 주어졌고 국가의 요구는 더 이상 전처럼 절박하지 않았다. 일등국가가 되려는 일본의 꿈은 산산조각이 났고 한국은 독립을 얻었다. 드디어 여성의 정치활동이 가능해졌고, 이로 인해 국가적 요구의 간섭없이 젠더이슈에 초점을 맞출 수 있었다. 여성은 국가정체성에서 벗어난 젠더정체성을 확립하고 발전시킬 수 있는 기회가 없었음에도 불구하고, 여성운동을 도약시켜 줄 수 있는 여성 의식과 사회적 지지를 여성 자신에게서 찾았다. 한국과 일본에 민주주의가 실현되었지만 이것은 단지 달Dahl이 말한 절차상의 측면에서뿐이었다. 양국은 논쟁의 공정한 게임도 가지고 있지 않았다.

미점령군에 의해서 제정된 전후 일본의 정치시스템은 여성정치입문의 길을 넓게 열 것으로 기대되었으나 실제로는 그렇지 못했다. 1993년 이전의 선거제도는 알려지지 않은 후보들을 걸러내는 주범으로 여겨졌다. 이는 특히 많은 파벌들로 구성된 자민당에서 그러하였다. 파벌과 관련한 이러한 이슈와 그것이 어떻게 일본문화와 얽혀왔는지는 3, 4장에서 논의하였다. 그러나 선거시스템 개혁이 여성의원의 수를 급증시킨 것은 아니었다. 1995년의 설문조사는 여성의 사회적 역할에 대해 상반된 관점을 보여주었다. 하나는 여성이 성공적인 직업을 갖는 데 어떤 제한도 없다는 것이고, 또 다른 하나는 여성의 주된 역할이 가족을 보살피는 것이라는 전통적인 관점이다.

또한 선거기간과 선거자금과 같은 여러 가지 제한은 여성들처럼 전혀 알려지지 않거나 적게 알려진 후보들에게 의도하지 않은 영향을 미친다. 잘 알려진 정치가들은 이름이 친숙하다는 장점과 법을 어기지 않고도 정치자금을 모을 수 있는 비공식 경로를 가지는 반면, 신인들은 적극적인 유세 활동에 의지해야만 한다. 2~3주의 짧은 선거기간은 알려지지 않은 후보자들이 성공적인 유세를 하기에는 충분하지 않다. 게다가 정치가로서의 자질을 입증하지 못하는 것은 또 다른 문제들을 야기한다. 정치영역에서 신인인 여성은 비공식적 경로를 통해 자금을 모을 수 있는 수단을 거의 가지고 있지 않다. 그들은 종종 후보자등록을 위해 대부분 당이 요구하는 공탁금조차 내지 못한다.

여성정치인들은 제도상의 제약뿐 아니라 전통적인 문화적 행동이 반영되는 일본의 사회시스템이라는 또 다른 부담을 감수해야만 한다. 비록 일본의 법 정치시스템이 평등을 추구했을지라도, 평등을 지향하는 시스템내의 '관행'은 일본의 전통문화에 의해 크게 영향받았다. 일본정치의 현저한 특징 중 하나는 정치적인 이슈가 아니라 인물에 기반을 둔 파벌의 형성이다. 대부분의 파벌지도자들이 보통 유사한 개인적 배경에 기초를 둔 후견인-피후견인 관계라는 전통적인 관행을 통해서 그들의 파벌을 형성하기 때문에, 이러한 남성 사회집단의 반대 성性인 여성은 권력과 사회관계의 비공식 영역에 포함될 수 있는 기회가 거의 없다. 여성은 권력집단으로부터 배제될 뿐만 아니라 더 큰 권력집단인 정당 내에서 남성 권력투쟁의 희생양이 되는 경향이 있다. 이로 인해 여성후보자들에게 제도적으로는 파벌이라는 장벽이 발생한 반면, 문화적으로는 파벌의 껍질을 부수는 어려움이 발생했다. 파벌은 공유된 개인적 배경에 기초를 두고 있는 전통적인 후견인-피후견인 관계의 관행을 통해서 그들의 결속을 다진다.

선거시스템, 특히 참의회의 전국구는 여성후보에게 또 다른 영향을 끼친다. 전국구는 전국적으로 명성이 알려진, 또는 커다란 조직적 지지를 가지고 있는 후보들을 요구하기 때문에, 어느 정당을 지지하고 있는 단체는 후보를 지명하는 데 그 정당 내에서 큰 영향력을 행사할 수 있다. 이것은 특히 노동조합과 교사연합 같이 전국적인 조직들이 관계되어 있는 사회당의 경우에 그러하다. 일본단체들은 그 단체의 장을 임명할 때 대부분의 경우 남자들을 장으로 선출하기 때문에 후보자가 되는 사람들 역시 대부분이 남자들이다. 전국구의 선거구에 대한 또 다른 흥미로운 현상은 직업에 따른 인기를 기반으로 한 여성정치인의 수가 눈에 띄게 많다는 것이다.

이러한 제도적, 문화적 요소들은 서로를 강화하고 여성후보들을 효과적으로 걸러내도록 한다. 각 당의 후보모집을 위해 기재된 기준이 '여성에 대한 의도적 배제정책'을 갖고 있지 않음에도 불구하고 의회의원들의 이전 직업에 대한 조사는 정당뿐만 아니라 일본사회 전체에서 여성이 극복하기 어려운 장벽이 있다는 것을 드러낸다. '혈연 정치' 그리고 정당의 수준보다는 낮은 관련단체의 정치는 여성의 정치적 요구에 대항해 작용한다. 전체 일본문화는 정치에서 여성에 대한 '문화적 편견'을 가진 것처럼 작동한다.

일본 중앙정치에서 소수의 여성대표와 여성에 대한 경시는 두 가지 영향력이 간과된 결과이다. 그 하나는 진정한 페미니스트 운동의 지연이 일본여성 의식의 뒤늦은 발전에 기여했고 여성이 정치에 입문할 수 있는 기회를 상대적으로 늦게 열었다는 것이다. 또 다른 하나는 민주주의 정치시스템의 틀 안에서 제도적, 문화적 장벽이다. 이러한 두 가지 요소의 결합이 일본의 '불완전한 민주화'에 기여했고 정치에서 그것이 표출되었다.

일본의 정치적 근대화를 위한 노력에는 두 단계가 있다. 첫째는 1870년대 메이지 지도자들에 의해서이고, 둘째는 미점령군에 의해서이다. 그들 중 누구도 진정한 정치의 민주화를 가져오지는 못했다.

메이지 개혁가들의 정치적 근대화 노력은 한 가지 목표, 즉 일본이 세계 일등국가가 되기 위해서 서구국가들에 의해서 수용되어야 한다는 자유민주주의의 신조에서 나타났다. 이러한 자유민주주의 신조의 모태인 개인의 자유 개념은 당시 개혁가의 마음 속에는 없었고, 결과적으로 근대의 정치시스템은 전통문화의 토대에 겹쳐지게 되었다.

점령군에 의한 전후 정치시스템 역시 철저하게 민주적이었지만, 깊게 자리잡은 문화적 규범과 가치를 깰 수는 없었다. 이러한 전통문화의 연속성은 민주주의 정치시스템 안에서의 비민주적 정치관행의 존속을 의미했다. 문화적 요새를 깨지 못하는 이러한 무능력은 정치에서 이방인의 배제를 의미했고 또한 여성에게 문이 닫혀져 있음을 의미했다. 이러한 문화적 억압과 관련하여 일본인은 정치에서의 성공을 위해 요구되는 세 가지로 지반, 카반, 캄반을 인식하였고 이것은 단지 남성영역에게만 해당되는 요소들이었다. 이러한 요소들의 결합은 여성의 성공적인 참여에 불리한 정치환경을 만들어낸다.

일본의 패전으로 인해 연합군은 여성에게 참정권을 부여했다. 그들의 우선적인 동기는 일본여성을 해방시키는 것이 아니라 일본 여성들이 일본을 평화로운 나라로 만드는 데 투표권을 행사하는 것이었다. 더욱이 남성과 여성 사이에 평등을 증진시키려는 점령정책은 그것을 실행하는 데 있어서 외부적으로 표현했던 것만큼 거창하지 않았다. SCAP문서는(SCAP/GHQ, CIE(B)-01694, class 731) 점령국이 부인국에 투자하는 데 얼마나 의지가 없었는지를 보여준다.

수잔 파(1987)는 일반적인 여성복지에 대한 점령군의 책임범위를 보여주었다. 수잔 파는 SCAP가 일본의 여성개혁부문 담당자로 보다 경험있고 적합한 후보자들이 가능했음에도 불구하고 정치적으로 경험이 없는 24살의 여성을 선택했다고 적고 있다. 그리고 이러한 선택은 점령군이 여성을 포함해서 개혁과정의 통제를 원했기 때문에 이루어졌다고 주장한다. 이것은 젠더역할과 관련한 그들의 민주적 방침이 한계를 가지고 있었음을 지적하는 것이다. 일본이 이혼법을 개정하고 일본학급에서 성차별을 폐지하는 것은 일본민주화과정의 세세한 부분을 지배하려는 그들의 욕망과는 별개의 문제다. 점령군의 입장에서 여성에 대한 이러한 일반적인 방침을 고려한다면, SCAP가 여성의 정치참여에 대한 일본남성들의 태도에 영향을 미치는 데 실패한 것은 놀라운 것이 아니다.

자유민주주의로의 정치시스템의 변화는 그것의 정치적 관행을 수반하지 않았다. 즉, 구조적인 것만 변할 뿐 비공식적 시스템은 변하지 않은 것이다. 그리고 이러한 본질은 정치제제에 침투하여 그물망을 만들고 정치관행 뒷면의 거의 보이지 않는 힘이 되었다. 나카네 치에 Nakane Chie, 1970, 57는 그것을 비공식적이고 비가시적인 기관들이 공식적이고 가시적인 기관들과 중복되고 대치되었다고 간결하게 적고 있다. 이러한 '불완전한 변화'가 일본이 자유민주주의적인 정치시스템에도 불구하고 진정한 정치적 민주화를 이루지 못한 이유이다. 진정한 정치적 민주화는 정치시스템의 민주화뿐만이 아니라 개인의 정치적 참여와 표현이 성 또는 인종과 같은 요소에 의해 방해받지 않는 문화적 민주화이다.

정치에서 여성의 포함을 의미하는, 포함의 정치를 이해하기 위해서 풀뿌리운동은 정치로 진입할 수 있는 대안적인 통로로서 탐구되었다. 사례연구에서처럼, 일본의 두 개의 다른 풀뿌리운동은 다음과 같이 비교된다. 하나는 시민운동같은 상설조직구조가 없는 것이고, 다른 하나는 세이카츠 클럽처럼 상설조직구조를 가진 것이다. 대부분의 갈등 이론가들이 주장하는 것과는 달리, 영구적이고 집중화된 조직구조를 가진 풀뿌리운동은 그렇지 않은 다른 운동보다는 민주주의를 초래하는 데 더 도움이 된다. 이러한 풀뿌리민주주의의 증진은 한국뿐 아니라 일본에서도 여성에게 새로운 정치적 기회를 부여한 것처럼 보인다.

그러나 중요한 차이는 이러한 풀뿌리운동의 리더십에서 보여진다. 일본에서는 이러한 풀뿌리운동의 지도자들이 반드시 남자임에 반해, 내 연구에 따르면 한국에서는 초기의 목표가 그들의 가족구성원들이 정부의 억압으로부터 자유로워지는 것이었기 때문에 저항조직은 주부들에 의해 이끌어졌다. 그래서 정치환경에서의 차이는 다른 리더십을 창출해냈다. 그러나 정치의 민주적 참여가 가능했던 일본에서 세이카츠 클럽과 같은 가장 진보적인 풀뿌리조직에서조차 조직의 지도자들은 예외없이 남자들이었다. 이러한 설명은 행정차원에서 전체 사회가 남성네트워크를 위해 고안되었기 때문에 남성지도자를 가지는 것이 보다 효율적이라는 관행에서 생겨났다. 이러한 문화적 요새는 진보적인 소비자단체들조차도 공격하기가 쉽지 않다.

요약하면 구조적 요소와 문화적 요소는 일본여성이 정치가로서 성공하는 것을 방해한다. 선거시스템과 여당의 본질 사이의 상호작용과 전체 일본사회는 여성으로 하여금 전통적인 남성들이 지배하고 있는 정치영역에 침투하는 것을 어렵게 한다. 이것은 참의회뿐만 아니라 중의회에서도 마찬가지다. 그래서 왜 일본여성이 중앙정치에서 낮은 대표율을 갖는지에 대한 물음에는 확답할 수 없다. 제도적인 이유인가? 아니면 문화적인 이유인가? 최선의 답은 제도와 그 제도가 실행되는 방식에 문화가 반영된다는 것이다.

한국의 상황은 상당히 다르다. 해방 후 한국의 대부분의 시기는 군사정부에 의해 통치되었다. 시민정부가 설립된 것은 1992년 이후다. 그래서 국가안보의 명목 하에 정치적 반대자들의 공직진출이 금지되었기 때문에, 한국여성의 국회에서의 낮은 대표율을 평가하는 것은 큰 의미를 갖지 못한다. 그리고 독재정권이 통치하는 동안 대표자들의 선거과정에서의 인위적인 조작은 여성정치인의 수를 늘리는 결과를 낳았다. 이러한 이유로 책의 일부분만을 한국정치의 여성에 대해 다루고 있다.

어쨌든, 변화는 관찰되기 시작했다. 한국이 민주주의를 향해 움직이기 시작하면서 여성정치인은 점차 전면에 등장하기 시작했다. 1996년 선거에서 2명의 여성이 지역구에서 선출되었지만, 이전의 1명 이하보다는 개선되었다. 주요한 도약은 김대중 대통령의 임기 동안의 국회의원선거에서 보여진다. 2000년 국회의원선거에서 수십 년 동안 2명 이하의 낮은 여성국회의원의 기록을 깨고 5명의 여성이 지역구에서 선출되었고 열한 명 이상이 비례대표로 선출되었다. 이것은 한국의 짧은 민주주의의 역사와 오랫동안의 노동의 성분화에도 불구하고 전면적인 민주화가 젠더 역할의 점차적인 민주화에 기여했다는 것을 보여준다. 국민에 의해 직접 선출된 5명의 여성이 국회에 진출한 것은 여전히 작은 수치이지만 한국역사에서 전례없는 일이고 또한 변화의 표시이다. 만약 포괄적 민주주의의 경향이 지속된다면 우리는 정치에서 더 많은 여성을 볼 수 있을 것이다. 더 고무적인 것은 저항정치에서의 여성의 역할이다. 중년주부들에 의한 저항운동에서 관찰된 것처럼 한국여성이 정치적으로 활동적이고 성공적인 충분한 능력을 가졌다는 것은 명백하다.